Sofrimento e paz

Dados Internacionais de Catalogação na Publicação (CIP)
(Câmara Brasileira do Livro, SP, Brasil)

Larrañaga, Ignácio
Sofrimento e paz : para uma libertação pessoal / Ignácio Larrañaga ; tradução de José Carlos Pedroso. – 30. ed. – Petrópolis, RJ : Vozes, 2013.
Título original : Del sufrimento a la paz.

12ª reimpressão, 2025.

ISBN 978-85-326-0226-8
1. Fé 2. Sofrimento 3. Sofrimento – Aspectos religiosos 4. Vida cristã – Escritores católicos I. Título.

10-01347   CDD-248.482

Índices para catálogo sistemático:
1. Vida cristã : Guias de conduta : Catolicismo
248.482

IGNÁCIO LARRAÑAGA

Sofrimento e paz
Para uma libertação pessoal

TRADUÇÃO DE
José Carlos Corrêa Pedroso

EDITORA
VOZES

Petrópolis

© by Ignácio Larrañaga
Tradução do original em espanhol intitulado
Del sufrimento a la paz

Direitos de publicação em língua portuguesa:
1985, Editora Vozes Ltda.
Rua Frei Luís, 100
25689-900 Petrópolis, RJ
www.vozes.com.br
Brasil

Todos os direitos reservados. Nenhuma parte desta obra poderá ser reproduzida ou transmitida por qualquer forma e/ou quaisquer meios (eletrônico ou mecânico, incluindo fotocópia e gravação) ou arquivada em qualquer sistema ou banco de dados sem permissão escrita da editora.

CONSELHO EDITORIAL	PRODUÇÃO EDITORIAL
	Anna Catharina Miranda
Diretor	Eric Parrot
Volney J. Berkenbrock	Jailson Scota
	Marcelo Telles
Editores	Mirela de Oliveira
Aline dos Santos Carneiro	Natália França
Edrian Josué Pasini	Priscilla A.F. Alves
Marilac Loraine Oleniki	Rafael de Oliveira
Welder Lancieri Marchini	Samuel Rezende
	Verônica M. Guedes
Conselheiros	
Elói Dionísio Piva	
Francisco Morás	
Teobaldo Heidemann	
Thiago Alexandre Hayakawa	

Secretário executivo
Leonardo A.R.T. dos Santos

Diagramação: Victor Mauricio Bello
Capa: Omar Santos

ISBN 978-85-326-0226-8

Este livro foi composto e impresso pela Editora Vozes Ltda.

Disse um amigo ao outro, sobre a ponte:
"Olha como os peixes estão alegres no rio".
O outro replicou:
"Como é que tu, que não és peixe,
sabes que os peixes estão alegres no rio?"
O primeiro respondeu:
"Por minha alegria em cima da ponte".
Apólogo chinês

Sumário

Esclarecimento, 9

1 PÓRTICO, 11
1 Começando em casa, 12
2 A maldição da mente, 14
3 Amigos para o caminho, 18

2 AS FONTES, 33
1 Os desgostos, 33
2 O fracasso, 34
3 Os focos luminosos, 38
4 Deixar de lado os impossíveis, 42
5 As obsessões, 60
6 Impotências e limitações, 69
7 A angústia, 83
8 A depressão, 92
9 O outro, 112

3 SALVAR-SE, 119
1 Salvar-se da ilusão do "eu", 120
2 Exercícios, 132
3 Relativizar, 150
4 Desapegar-se, 158

4 ASSUMIR, 165
1 Supro o que falta, 165
2 Queixas e perguntas, 168
3 O servo sofredor, 171
4 Cristo sofredor, 179
5 Sofrer e remir, 190

Esclarecimento

No caminho da vida, vi levantar-se em cada encruzilhada a sombra negra e pertinaz do sofrimento. É pão que nunca falta na mesa dos homens.

Também pude comprovar, por minha experiência com as pessoas, que a fé é o lenitivo mais eficaz para acalmar a dor, sempre que for mesmo uma chama viva no coração.

Mas, infelizmente, não é isso que acontece sempre. Pelo contrário, na maioria das pessoas, a fé é uma chama tão apagada e mortiça que não tem eficácia alguma para transformar o sofrimento. Muitos deixaram-na extinguir-se de uma vez. Para outros, ela nunca existiu.

A intenção deste livro é colocar nas mãos do leitor meios práticos para que ele possa, por si mesmo, neutralizar ou, pelo menos, atenuar todo e qualquer sofrimento.

Por isso, Sofrimento e Paz dedica os três primeiros capítulos aos que têm fé fraca ou nem a têm. O quarto é para os que têm uma fé forte e fecunda.

De um lado, vamos mover-nos em uma perspectiva simplesmente humana, prescindindo dos pressupostos da fé. De outro, apresentamos uma reflexão a partir de uma perspectiva cristã.

O autor
Santiago do Chile, 17 de novembro de 1984

1

Pórtico

*"Com as pedras que você encontrar no caminho
seja delicado, apanhe-as. Se não der para levá-
las nos ombros como irmãs, pelo menos deixe-
as para trás como amigas."*

Anônimo

*"O homem é desafortunado porque não sabe que é
feliz. Nada mais!
Se alguém chegar a descobrir esta realidade,
ficará feliz na mesma hora, imediatamente.
Tudo é bom."*

Dostoiévski

Caminhando pelas trilhas batidas do homem, fiquei surpreendido, e até assustado, comprovando como sofrem dia e noite as pessoas, jovens e adultas, ricos e pobres.

Fico com pena. Faz anos que procuro e ensino (como é que vou dizer, terapias?) para arrancar homens e mulheres dos poços profundos em que se meteram. Percorri tempo e distâncias buscando receitas para ensinar o homem a enxugar lágrimas, extrair espinhos, afugentar sombras, libertar-se das agonias e, afinal, levar a cada porta um vaso de alegria. Haverá ocupação mais urgente neste planeta?

Sofrer de mãos cheias, esse é o mistério da existência humana! É um sofrimento que, é claro, ninguém desejou, nem invocou, nem convidou, mas que está aí, como uma sombra maldita, ao nosso lado. Quando irá embora? Quando o homem o deixar; só então.

Enquanto isso, que fazemos com ele? Como vamos eliminá-lo ou, pelo menos, mitigá-lo? Como sublimá-lo? Como transformá-lo em amigo ou, pelo menos, em irmão? Esse é o problema fundamental da humanidade.

1 Começando em casa

Há quem diga: enquanto houver alguém sofrendo ao meu lado, não tenho direito de pensar em minha felicidade.

São palavras bonitas, mas enganadoras. Têm aparência de verdade, mas, no fundo, são errôneas. Numa primeira observação do mistério humano, saltarão a nossos olhos uma série de evidências como estas: os amados amam. Só os amados amam. Os amados não podem deixar de amar.

Só os livres libertam, e os livres sempre libertam. Um educador modelo de maturidade e estabilidade faz de seus discípulos seres estáveis e maduros, e sem precisar de muitas palavras. Acontece o mesmo com os pais em relação a seus filhos. Pelo contrário, um educador inseguro e inibido, mesmo que tenha todos os diplomas, acaba envolvendo os discípulos em sua insegurança.

Os que sofrem fazem sofrer. Os fracassados precisam molestar e atirar suas flechas contra os que triunfam. Os ressentidos enchem de ressentimento o ambiente em que vivem. Só se sentem felizes quando podem dizer que tudo vai mal, que todos fracassaram. O fracasso dos outros é um alívio para os próprios; e se compensam de suas frustrações alegrando-se com os fracassos alheios e espalhando aos quatro ventos notícias negativas, muitas vezes falseadas e sempre aumentadas. Uma pessoa frustrada é verdadeiramente temível.

Os semeadores de conflitos, na família ou no trabalho, são sempre espinho e fogo para os outros porque estão em eterno conflito consigo mesmos. Não aceitam ninguém porque não aceitam a si mesmos. Semeiam divisões e ódio ao seu redor porque odeiam a si mesmos.

* * *

É tempo perdido e pura utopia preocupar-se em fazer felizes os outros se nós mesmos não o somos; se nossa casa está cheia de escombros, chamas e agonia. Temos que começar é por nós mesmos.

Só faremos felizes os outros na medida em que nós mesmos o formos. A única maneira de amar realmente o próximo é reconciliando-nos com nós mesmos, aceitando-nos e amando-nos serenamente. Não podemos esquecer que o ideal bíblico sintetiza-se em "amar o próximo como a si mesmo". A medida, portanto, é o "si-mesmo" e, cronologicamente, o "eu-mesmo" vem antes que o próximo. Já é um ideal altíssimo chegar a preocupar-se com o outro tanto quanto consigo mesmo. Então, é por aí que precisamos começar.

Quanto a isso não vão faltar os que dirão alegremente: Mas isso é egoísmo. Fazer essa afirmação, sem mais, não deixa de ser uma superficialidade. É evidente que não estamos defendendo um hedonismo egocêntrico e fechado. Se assim fosse, estaríamos diante de um equívoco enorme, que poderia ser uma armadilha mortal.

De fato, buscar a si mesmo, sem nenhum outro objetivo a não ser a própria felicidade, equivaleria a fechar-se no círculo estreito do seio materno. Se alguém busca exclusiva e desordenadamente sua própria felicidade, fazendo dela a finalidade última da própria existência, está fatalmente destinado à morte, como Narciso. E morte significa solidão, esterilidade, vazio, tristeza. Em suas últimas etapas, o egoísmo avança sempre acompanhado e iluminado por resplendores trágicos; egoísmo é igual a morte, isto é, o egoísmo acaba sempre no vazio e na desolação.

* * *

Portanto, estamos falando de outra coisa. Neste livro nós nos propomos a deixar a pessoa em condição de ser verdadeiramente capaz de amar. E só o será – voltamos a repetir – na medida em que for feliz.

Concretamente, ser feliz quer dizer sofrer menos. Na medida em que vão secando as fontes do sofrimento, o coração começa a se encher de gozo e de liberdade. Sentir-se vivo já é uma pequena embriaguez, mas o sofrimento acaba bloqueando essa embriaguez.

No fim, não sobra outra alternativa a não ser esta: agonizar ou viver. O sofrimento faz a gente agonizar. Eliminando o sofrimento, o ser humano recomeça automaticamente a reviver, a gozar daquela sorte que chamamos de *vida*. Na medida em que a pessoa consegue arrancar as raízes das penas e dores, sobe o termômetro da embriaguez e do gozo vital. *Viver*, em poucas palavras, já é ser feliz.

Se conseguirmos que as pessoas *vivam*, a força expansiva desse gozo vital lançará cada um em direção aos seus semelhantes com esplendores de primavera e compromissos concretos.

Caminhemos, então, devagar, mas com firmeza, atrás dessa tocha. Pelo caminho saltaremos os escolhos, um por um, e as escamas vão cair. De dentro da noite começará a surgir palmo a palmo uma figura feita de claridade e de alegria: o homem novo que buscamos, reconciliado com o sofrimento, irmanado com a dor, peregrino da liberdade e do amor.

2 A maldição da mente

Para entender o mistério doloroso da criatura humana precisamos subir as correntes zoológicas e navegar contra a corrente até as mais remotas e mais longínquas latitudes pré-humanas de onde procedemos.

Depois desse mergulho nos profundos mares pré-humanos, chegando aos ancestrais mais primigênios do homem, descobrimos que os seres anteriores ao homem na escala geral da vida, os animais, não criam problemas para viver. Pelo contrário, já estão com todos os problemas resolvidos. Esses seres pré-humanos são dotados de mecanismos instintivos mediante os quais solucionam automaticamente – quase mecanicamente – suas necessidades elementares. Por isso não sofrem de preocupações ou ansiedades.

Um falcão, um réptil, um antílope ou um crustáceo vivem submersos, como em um mar, no seio gozoso e harmonioso da criação universal. Esse seio sem contornos é um imenso lar em que os seres pré-humanos vivem "cálida" e deleitosamente, e em plena harmonia, gerada por esse feixe de energias primitivas que, como uma linha misteriosa, percorre e unifica a todos e a cada um dos seres da escala zoológica.

Eles vivem uma espécie de unidade vital com todos os demais seres. Não conhecem aborrecimento ou insatisfação. Não têm problemas, repetimos. Não podem ser mais felizes do que são. Sentem-se plenamente realizados. Essa "felicidade" é vivida sensorialmente, ainda que, como é óbvio, não conscientemente.

O homem também vivia assim nas primeiras etapas de sua criação.

Mas, numa dessas etapas, a criatura que hoje chamamos homem tomou consciência de si mesmo: *soube que sabia, soube quem era*. Essa emergência da consciência constituiu para o homem uma contingência de possibilidades assombrosas, para não dizer infinitas. Mas, ao mesmo tempo, acarretou uma desventura com características de quase catástrofe.

Sentiu que se rompiam as amarras instintivas que o ligavam ao "paraíso" daquele lar feliz. Começou a experimentar a solidão típica do exilado, de alguém que foi expulso de uma "pátria" venturosa.

Sentiu-se solitário porque começou a perceber que agora era *ele mesmo*, diferente dos outros e separado de todos; que já não estava integrado unitariamente no imenso panteão da criação, e que já não era parte daquelas entranhas tecidas com todos os demais seres: estava à *parte*. Pela primeira vez, sentiu tristeza e solidão.

Despertou da longa e doce noite pré-humana. E, quando despertou e tomou consciência de si mesmo, a própria vida passou a ser para ele um problema enorme e acabrunhador: tinha que aprender a viver.

Antes, ele recebia a vida pronta, espontânea e deliciosamente; agora, teria que aprender a dar os primeiros passos com trabalho e fadiga. Antes, viver era um fato consumado; agora, uma arte. Antes, uma delícia; agora, um desafio. Precisava improvisar tudo, e correr os riscos. De agora em diante, a interrogação será seu pão e a incerteza sua atmosfera.

Esse despertar da consciência foi equivalente, em exato paralelismo, ao drama de um nascimento: no seio materno, a criança tinha tudo assegurado: respirava e se alimentava pela mãe, através do cordão umbilical, sem nenhum esforço. Vivia em unidade perfeita com a mãe, em uma simbiose plenamente gozosa, sem riscos nem problemas. Quando sai à luz, tudo começa a ser problema: tem que começar a respirar, a alimentar-se trabalhosamente. Ao longo dos anos, e até à morte, sua existência será um incessante aprender a viver.

Foi isso mesmo que aconteceu com o "nascimento" do homem no processo evolutivo.

* * *

Quando tomou consciência de si mesmo, o homem calculou com precisão suas possibilidades e também suas limitações. Para alguns, essas limitações transformaram-se nos muros estreitos de um cárcere, em que se sentiram e continuam a sentir-se fechados, sem possibilidade de evasão. Como sair? Em que direção? Pela primeira vez, o homem sentiu-se desvalido e impotente.

Sem que lhe pedissem autorização e sem que ele mesmo desejasse, viu-se de repente empurrado para o mundo. E logo se encontrou com um ser desconhecido, *ele mesmo*, em lugar e tempo que não tinha escolhido, com uma existência não solicitada e uma personalidade não cinzelada por ele mesmo; com misteriosas dicotomias que, como cunhas, dividem-no e o desintegram, sem saber se é um conjunto de pele, carne, ossos, nervos e músculos ou se, além disso tudo, sua existência tem algum sentido.

O homem se olhou e se viu estranho a si mesmo, como se tivesse duas personalidades ao mesmo tempo, um ser incompreendido ou incompreensível para si mesmo. Uma confusão, povoada de interrogações, cobriu seus horizontes como uma densa névoa. Quem sou eu? De onde venho? Para onde vou? Que fazer comigo mesmo?

Levantou os olhos e, lá longe, percebeu obscuramente a porta vermelha da morte. Analisou-se e concluiu que tinha nascido para morrer. Cercado pelos quatro lados, sitiado como uma cidade indefesa, assediado à direita e à esquerda por animais ferozes, como escapar? E a angústia levantou sua cabeça sombria, fechando-lhe a passagem, uma angústia que foi apertando seus ossos e suas entranhas. Para onde fugir? Não podia voltar ao paraíso da etapa pré-humana; essa saída estava fechada. Vendo fechadas todas as saídas da cidade, o homem pensou e desejou pela primeira vez a falsa saída da morte.

* * *

A razão obriga-o a caminhar pelos páramos infinitos buscando metas inacessíveis. Propõe-se alcançar um cume e, quando chega lá em cima, enxerga outra montanha mais alta que chama por ele. Quando alcança esse segundo cume, percebe outra altura mais eminente que, como uma luz fatal, irresistivelmente o seduz. Chega lá em cima... e assim sucessivamente, sua vida é um projeto escalonado de cumes cada vez mais elevados e mais longínquos, o que acaba deixando-o completamente transtornado e inquieto.

Condenado a caminhar sempre, cada vez mais para frente, o homem não pode deter-se, porque está submetido a um imperativo categórico que não o deixa em paz, empurrando-o para uma odisseia que não vai acabar nunca, na direção de uma terra prometida a que nunca chegará. Um homem é um arco esticado, destinado a atingir estrelas impossíveis.

Seduzido pelo desconhecido, irrompe em regiões ignotas para decifrar enigmas e encher de respostas os espaços vazios. Vive atormentado por anelos anteriores que nem ele mesmo entende e que, por outro lado, não consegue acalmar; que o arrastam para o infinito e o absoluto, obrigam-no a dar a si mesmo a razão de sua existência e a encontrar resposta para as perguntas.

Vem de um mundo unitário. Essa marca original obriga-o a buscar unidade consigo mesmo e com os outros; mas, ao mesmo tempo, sente-se dissociado por urgências interiores e desafios exteriores.

* * *

A razão diz-lhe uma coisa, e a emoção diz outra. Deseja muito, mas pode muito pouco. Procura a harmonia consigo mesmo e com os outros, mas vive em tensão. Tem sensações descontroladas, como a ansiedade, a depressão, a dispersão... e não tem as armas para vencê-las.

Sua mente é, com frequência, uma prisão em que se sente trancado, mas não pode prescindir dela ainda que queira, nem sair dessa prisão. Por isso, às vezes, uma nuvem de obsessões obriga-o a dar voltas e mais voltas, como uma mariposa, em torno de uma alucinação obsessiva, sem conseguir escapar.

Em resumo, concluiremos, com E. Fromm, que *"a mente humana é a bênção e a maldição do homem"*. É verdade que a história lança desafios ao homem sem cessar: como acabar com as guerras, superar a fome, a doença, a pobreza... Mas, acima de todas as tarefas que a história possa confiar ao homem, sua ocupação fundamental e trans-histórica é e será sempre: o que fazer e como fazer para chegar a ser dono da própria mente, de si mesmo? Ou, em outras palavras: o que fazer para que a mente seja fonte só de toda bênção?

3 Amigos para o caminho

No capítulo III deste livro vamos apresentar, amplamente desenvolvidas, numerosas e multiformes vias de salvação.

Mas, antes de penetrar nesse vale, quero colocar nas mãos do leitor, para a caminhada e provisoriamente, alguns instrumentos de salvação que hão de acompanhá-lo, como outros tantos amigos, enquanto formos percorrendo e inspecionando os diversos mananciais do sofrimento. Dessa maneira, quase sem perceber, o leitor já está começando a entrar no desejado templo da salvação. Os amigos para a caminhada são os seguintes:

3.1 Salvar a si mesmo

Antes de tudo, é preciso que o leitor tome consciência desde o primeiro momento de que quando uso a palavra *salvar-se* não faço sempre referência à salvação cristã, conseguida por Jesus Cristo e que será consumada na glória eterna. Ao contrário, aqui nós entendemos salvação no seu sentido mais popular e corriqueiro.

Para começar, não se trata de *salvar*: isto é, uma ação dinâmica pela qual alguém livra outra pessoa de um perigo, como quando um salva-vidas salva um náufrago de uma morte certa. Falamos de *salvar-se*: esforço pelo qual alguém, com seus próprios meios, põe-se a salvo evitando cair em um perigo ou saindo de uma situação mortal.

Mais concretamente, referimo-nos a certas iniciativas que qualquer pessoa pode usar, como uma espécie de autoterapia, para evitar ou mitigar o sofrimento. Falamos, por exemplo, em salvar-se *do medo*, salvar-se *da tristeza*, salvar-se *da angústia*, *salvar-se* do vazio da vida, *salvar-se* do sofrimento... e *salvar* a si mesmo.

* * *

Não há especialista que possa salvar-me com suas análises e receitas. A "salvação" é a arte de viver, e a arte aprende-se vivendo: ninguém pode viver por mim ou no meu lugar. Não há profissional ou orientador que seja capaz de infundir no discípulo coragem suficiente para jogar-se pela ladeira da salvação; é o próprio discípulo que precisa tirar de seu fundo ancestral as energias elementares para atrever-se a enfrentar o mistério da vida com todos os seus desafios, exigências e ameaças.

É a própria pessoa que pode e deve salvar a si mesma, para adquirir a tranquilidade da mente e o gozo de viver. Para isso, tem que começar acreditando em si mesma e tomando consciência de que todo ser humano é portador de imensas capacidades que, normalmente, estão adormecidas em suas galerias interiores; capacidades pelas quais o homem pode muito mais do que imagina, se as despertar e trouxer para a luz. Além disso, ele dispõe de sua mente, grávida de forças positivas a que pode dar livre curso.

* * *

Quando dizemos *salvar-se* não nos referimos a "doenças" ou, mais concretamente, a disfunções mentais. No caso dessas "doenças" trata-se, geralmente, de sintomas compulsivos ou obsessivos que impedem o "doente" de viver na sociedade como uma pessoa normal.

Esses "doentes" querem ou quereriam estar num estado em que não se sentissem mais infelizes do que pode sentir-se qualquer pessoa normal; e isso quer dizer *curar-se*, nesses casos. Mas essas pessoas são uma minoria na sociedade – como os doentes são uma exceção no conjunto da humanidade. Precisam de cuidados profissionais, e não nos referimos a elas nesta reflexão.

Mas há pessoas que funcionam socialmente bem mediante mecanismos de dissimulação (os "doentes" não conseguem dissimular) ou de sentido comum, mas por dentro são tristeza e dor. Esses não são "doentes", não têm sintomas patológicos; mas sofrem de uma agonia mortal e, frequentemente, nem sabem por quê.

Sofrem de depressão, de insônia. Falam de seus problemas matrimoniais ou profissionais. Mas não é esse seu verdadeiro problema. Seu problema é a sensação que têm de que estão perdendo a vida sem ter *vivido*; de que os anos estão passando e eles vão morrer sem ter *vivido*. Não lhes falta nada e, porque têm tudo, têm até boa saúde física e psíquica, mas estão dominados pela sensação de que lhes falta tudo.

Não sabem dizer por que, mas sentem-se assediados pelo vazio. Se lhes perguntarmos sua razão de viver responderão que não têm nenhuma ou pelo menos não a encontram. Percebem que suas energias estão, se não mortas, pelo menos em letargo, quase atrofiadas. Por isso sentem um mal-estar geral e um cansaço vital.

* * *

Diante desse panorama, salvar-se significa ir suprimindo ou diminuindo as fontes do sofrimento através de exercícios e práticas que vamos expor mais adiante, e de vencer as barreiras da dor e da angústia, superar a preocupação obsessiva por si mesmo, e assim adquirir a presença de ânimo, o autocontrole e a serenidade e, naturalmente, recuperar a vontade de viver.

Salvar-se é soltar as energias armazenadas lá dentro e muitas vezes amarradas, libertando-as para o serviço dos outros. É conseguir plena segurança e ausência de temor. É ir avançando, lenta, mas firmemente, da escravidão para a liberdade.

Ninguém vai fazer essa tarefa sagrada por mim ou no meu lugar. Eu tenho que ser o "salvador" de mim mesmo.

No fim, estamos no epicentro do mistério humano: sou *eu só* e *só uma vez*. Os amigos e familiares podem estar comigo até certos níveis de profundidade. Mas nos níveis mais profundos, onde eu sou eu mesmo e diferente de todos, "lá", ou eu assumo toda a responsabilidade ou eu me perco, porque lá não chega nenhuma ajuda exterior.

* * *

Nas emergências da vida, muitas vezes nos deparamos com preciosos estímulos e luzes. Hoje é uma orientação de um mestre da vida; amanhã, o acertado diagnóstico de um especialista; no dia seguinte, o carinho e a experiência dos pais. Mas nem todos eles juntos vão conseguir salvar-me.

As orientações e conselhos não têm eficácia salvadora automática só porque provêm de um mestre experimentado. É a prática que vai dar valor a essas recomendações (e sou eu que vou ter que provar isso), porque, afinal, cada pessoa experimenta as receitas com resultados diferentes, e é cada pessoa que tem que verificar se aquela recomendação a salva ou não.

No fim, não tenho outro "salvador" senão eu mesmo.

Por isso é que vamos apresentar mais adiante alguns mecanismos simples, eficazes e práticos, com os quais qualquer pessoa possa sozinha eliminar de uma vez muitos sofrimentos ou, pelo menos, suavizá-los. Se até agora estava sofrendo quarenta graus – se posso dizer assim – que mais tarde sofra só trinta e cinco e depois trinta, etc.

Por isso, e neste contexto, vai ecoar repetidamente nos próximos capítulos a recomendação urgente: *Salve-se a si mesmo!*

3.2 Despertar

Despertar é o primeiro ato de salvação.

A consciência é como uma ilha minúscula, de poucos quilômetros quadrados, situada no meio de um oceano de profundidades insondáveis e de horizontes quase infinitos. É o oceano do subconsciente.

A vista não percebe nada. Tudo está calmo. Mas lá no fundo tudo é movimento e ameaça. Há vulcões adormecidos que, de repente, podem entrar em erupção, energias ocultas que estão resguardando a alma de um furacão, forças propulsoras que encerram germes de vida ou de morte.

O homem em geral é um sonâmbulo que anda, mexe-se, age, mas está dormindo. Vira-se para um lado e, em geral, não sabe por quê. Irrompe aqui, grita mais na frente. Uma hora, corre. Depois para. Recebe este, repele aquele, chora, ri, canta. Uma hora está triste, depois fica contente. Em geral são atos reflexos e não plenamente conscientes. Às vezes dá a impressão de uma marionete movida por fios misteriosos e invisíveis.

É o mar profundo do homem, o lado irracional e desconhecido que, através de mecanismos que pareceriam sortilégios, carregam-no por direções inesperadas e, às vezes, por rumos disparatados. Que aconteceu com a bússola? Ainda funciona em liberdade? Quantas vezes o homem não entende nada. E sofre.

* * *

Sofre porque está dormindo. Não percebe que, como vamos dizer tantas vezes, o sofrimento humano é puramente subjetivo. A mente é capaz de dar à luz fantasmas alucinantes, que depois vão atormentar sem piedade quem os gerou. Os medos em geral são sombras fantásticas, sem fundamento nem base na realidade. O homem está dormindo.

E dormir quer dizer estar fora da objetividade. Dormir é tirar as coisas de sua dimensão exata. É exagerar os contornos negativos dos acontecimentos-pessoas-coisas. Dormir é projetar mundos subjetivos em cima dos acontecimentos exteriores. As inseguranças e temores são, em geral, filhos de uma obsessão.

É o medo – insisto – que gera e faz ver fantasmas em todo canto: fulano não me quer, sicrano está contra mim, esse projeto vai fracassar, todos conjuram contra mim, estão tramando para me tirar o cargo, não têm mais confiança em mim, fulana me olha atravessado, sicrana não me cumprimenta como antes. Que será que contaram para ela a meu respeito? A outra agora anda fria e distante comigo, que será que aconteceu?... E tudo isso não passa de engano ou, pelo menos, de um exagero grandioso ou muita suspicácia. Não há nada disso, ou há muito pouco. Está dormindo. Muitas pessoas vivem esses sustos e alucinações em pleno dia, com o mesmo realismo com que se vivem os pesadelos em plena noite.

* * *

Os fantasmas narcisistas povoam suas almas de ansiedades e não percebem que o material é todo subjetivo, que estão dormindo. De tanto remoer casos infelizes, acabam exagerando-os e não percebem que estão sonhando. É como o caso das bolas de neve: quanto mais rolam mais crescem.

De repente, sentem-se agarrados pelo temor, sem perceber que é só uma mania de perseguição, uma alucinação que inventa e pinta sombras sinistras, quando, na realidade, não existe nada disso; estão dormindo. Dramatizam fatos sem nenhuma transcendência e fazem uma tragédia de coisinhas ridículas. Estão dormindo.

Não quero dizer que tudo isso acontece com a maioria das pessoas bem desse jeito e com essas cores. É claro que também há muita gente objetiva. Mas o relacionamento com muitas pessoas, ao longo de muitos anos, ensinou-me que a projeção subjetiva é muito mais generalizada do que a gente pensa, embora em graus e momentos diferentes.

De qualquer jeito, agora eu estou me referindo particularmente aos que têm tendências subjetivas, mesmo que não sejam muito grandes: os tipos apreensivos, obsessivos, complexados, pessimistas... E não se trata de neuróticos, mas de pessoas com inclinações subjetivas. Por fora, seu comportamento não se diferencia dos outros. Mas, por dentro, não vivem, estão agonizando.

* * *

É preciso acordar. E acordar é salvar-se, é poupar sofrimento.

E o que é acordar? É a arte de ver a natureza das coisas, em si mesmo e nos outros, com objetividade e não pelo prisma de meus desejos e temores.

Despertar é tomar consciência das suas possibilidades e impossibilidades. Das possibilidades, para usá-las, e das impossibilidades para deixá-las de lado. É preciso saber se um fato tem remédio ou não. Se tem, para encontrar a solução; se não tem, para esquecer. Tomar consciência de que os fatos consumados estão consumados e é inútil quebrar a cabeça.

Acordar é dar em você mesmo um toque de atenção para ver que você está se torturando com pesadelos que são pura fantasia, o que o assusta é irreal. É perceber que você está exagerando, dando valor demasiado a coisas insignificantes, e que as suposições da sua cabeça estão começando a ficar com cara de verdade.

Você não percebe que suas suposições não passam de sonhos amaldiçoados, só isso. Por que lhes dar atenção? Deixe isso de lado, que são abortos da sua mente. É preciso saber que sonhos são sonhos; saber onde começam a ilusão e a realidade. Saber que tudo vai passar, que aqui não sobra nada, que tudo é transitório, precário, efêmero. Que as penas sucedem às alegrias e as alegrias sucedem às penas. Saber que aqui embaixo não há nada absoluto, que tudo é relativo e o que é relativo ou não tem importância ou tem importância relativa.

Acordar, afinal, é saber que você estava dormindo.

É só acordar e deixar de sofrer. À meia noite, o mundo é trevas. Amanhece, e... onde foram parar as trevas? Não se esconderam em lugar nenhum. Simplesmente, não eram nada. Quando a luz apareceu deu para provar que não eram *nada*.

Da mesma maneira, quando você estava dormindo, sua mente estava povoada de sombras e tristezas. Amanhece (você acorda), e *vê* que seus temores e tristezas não eram nada. Ao despertar, o sofrimento esvai-se como se esvaem as trevas ao amanhecer.

É só acordar, e acaba o sofrimento.

Sempre que você se surpreender, em qualquer momento do dia ou da noite, esmagado pela angústia ou pelo temor, pense que está dormindo ou sonhando; faça uma avaliação nova e correta dos acontecimentos, retifique os seus juízos e vai ver que você estava exagerando, pressupondo, imaginando. Dedique-se assiduamente ao exercício de acordar. Sempre que você estiver perturbado, levante a cabeça, sacuda-se, abra os olhos e desperte. Muitas trevas da sua mente vão desaparecer e grandes doses de sofrimento se desmancharão em fumaça. Você vai ver.

Este é o segundo anjo no caminho: *acordar*. Ao longo dos capítulos seguintes vamos tocar muitas vezes esse clarim: *Acorde!*

3.3 Paciência

Poucas semanas depois de nascer, os passarinhos já estão voando, os patinhos nadam e os gatinhos vão caçar. Quinze minutos depois de ter saído para a luz, uma lhama já fica em pé e começa a andar atrás da mãe pela cordilheira acima. Não precisam aprender a andar, a voar, a nadar, a caçar. Pelo simples fato de existirem, já dispõem de todos os recursos necessários para se defender e sobreviver. A gente poderia dizer que todas as técnicas são elaboradas nas entranhas de seu organismo: já vêm com elas aprendidas, sem precisar de treinamento. É a equipagem instintiva, que os conduz com segurança pelos caminhos da sobrevivência.

Não acontece isso com o homem. Quando nasce, a criança é o ser mais desvalido da criação. Tem que aprender tudo, e não precisamente por força de uma inspiração interior. Os outros é que têm que ensinar: primeiro a andar, depois a falar, mais tarde a pensar e a se educar.

Aprende a usar a inteligência em vez do instinto; com a particularidade que o instinto funciona espontaneamente, quase mecanicamente, enquanto que o uso da inteligência pressupõe riscos porque obriga o homem a realizar um complexo processo de análise, comparação, exclusão, opção... que envolve grandes incertezas e emergências imprevisíveis. É por aí que o homem recebe uma visita descortês que, como uma sombra, não vai sair mais do seu lado: a ansiedade.

* * *

A aprendizagem da arte de viver não acaba quando a pessoa chega à maioridade, ou quando tira um diploma universitário para exercer uma profissão e ser autônoma. Porque viver não consiste em ganhar o pão de cada dia ou formar um lar. Que é que o homem consegue por ter garantido uma sólida situação econômica ou por ter educado uma bela família, se seu coração continua agonizando em tristeza mortal?

Viver é a arte de ser feliz. Ser feliz é libertar-se, em grau maior ou menor, daquela ansiedade que, de qualquer jeito, vai seguir teimosamente os passos humanos até a fronteira final.

A arte de viver consistirá, portanto, em uma progressiva superação do sofrimento humano e, por esse caminho, em uma paulatina conquista da tranquilidade da mente, da serenidade dos nervos e da paz da alma.

Mas não se pense que o homem pode conseguir essa serenidade por um passe de mágica ou como presente de Natal. Se para obter um título universitário ou montar uma próspera empresa o homem precisou de muitos anos de esforço, trabalhando dia e noite, com disciplina férrea, método e principalmente com tenacidade a toda prova e até heroica, ninguém sonhe em vencer a ansiedade ou em ganhar a batalha do sofrimento, chegando assim ao ansiado descanso da mente, só com algum trabalho esporádico ou superficial.

Quando nós dizemos *paciência* falamos em esforço, ordem e dedicação na prática dos exercícios de autocontrole, relaxamento, meditação... que vamos apresentar mais tarde.

* * *

Você não vai conseguir nada só por ter lido estas páginas ou com boas intenções. É imprescindível que os desejos se transformem em convicções e as convicções em decisões. As decisões, por sua vez, têm que levá-lo a reorganizar o seu programa de atividades. E, no meio destas, você tem que reservar espaços livres para praticar, diária e metodicamente, os diversos exercícios.

Se você me disser que não tem tempo, eu responderei que o tempo é questão de preferência e que das preferências derivam e dependem as prioridades. Então, qual é a prioridade fundamental da sua vida?

Não se trata de curar uma úlcera gástrica ou de salvar um negócio malfeito, e nem mesmo de escorar um casamento em crise. Esses propósitos são todos nobres e importantes, mas no nosso caso há alguma coisa ainda mais primordial: nós estamos jogando com o *sentido de uma vida,* expressão escorregadia que escapa das nossas mãos quando queremos defini-la.

O que seria sentido da vida? É o valor que dá valor a todos os outros valores. De repente, tudo o que uma pessoa é e faz (palavras, atitudes, reações...) aparece revestido de cor e brilho tão particulares que não dá para explicar em palavras. Isso é o sentido da vida. É um certo tom de alegria que não se traduz em uma risada nem em um sorriso; que envolve algumas pessoas em um ar primaveril, que todos percebem de longe e dizem: Essa pessoa tem um *não sei o quê* que não dá para explicar, mas a gente vê que ela é tão feliz!

É, enfim, aquela sensação de plenitude que faz algumas pessoas exclamarem no outono da vida, quando olham para trás: Valeu a pena, foi uma aventura venturosa.

* * *

Pois bem, esse objetivo central de uma vida não vai ser conseguido sem uma dedicação metódica e ordenada. Para poder afugentar as sombras da casa e abrir espaço para a alegria é imprescindível se submeter a um exercício ininterrupto de autocontrole e de meditação por dias e anos. Não é preciso dar conta de todas e de cada uma das práticas que vamos incluir no capítulo III. Mas é conveniente provar e comprovar todas essas práticas, ficando com as que derem melhor resultado.

É preciso não esquecer nunca o mistério geral e imponderável do ser humano: um mesmo exercício, feito em ocasiões diferentes, produz resultados diferentes em uma mesma pessoa. A vida é essencialmente ilógica, porque é essencialmente movimento; movimento oscilante com altos e baixos, e muitas vezes não dá para vislumbrar as causas desse desconcertante vai e vem.

Quando o homem teria motivos mais do que suficientes para pular de alegria, está abatido. De repente, nos dias azuis, sua alma está nublada; nos dias nublados, é tudo azul em sua alma. Não há lógica. Essa pessoa desejou ardentemente alcançar aquela meta sonhada e, quando a atingiu, ficou insatisfeita e decepcionada lá dentro. De repente, quando seus negócios iam de vento em popa, seu ânimo foi por terra, e, quando ao seu redor era tudo desastre e ruína, não se sabe que anjo interior o estimulou para continuar a lutar.

Paciência, que é arte de saber, significa tomar consciência de que a natureza humana é assim. É preciso começar aceitando-a como ela é, para não se assustar quando os resultados não corresponderem aos esforços ou quando os efeitos forem estranhamente imprevisíveis.

* * *

Pressupondo tudo isso, muitas vezes você vai se surpreender porque um exercício de relaxamento e concentração feito corretamente vai deixar você hoje relaxado e, amanhã, tenso. Na vida não há processos uniformes. No quinto dia, por exemplo, você vai perceber um progresso notável no descanso mental, mas vai estar mais ansioso no trigésimo dia do que no primeiro. É normal: o caminho da "salvação", como o da própria vida, não é plano e reto, está eriçado de dificuldades: curvas violentas, ladeiras empinadas, baixadas bruscas, contramarchas. Uma meditação sobre a relatividade da vida pode deixar você insensível hoje, mas impressionar muito amanhã.

No dia menos pensado, quando você achava que tinha dado passos decisivos para a tranquilidade mental, chega inesperadamente uma fatal crise de angústia. Algum dia você vai se sentir enfarado de todas essas "terapias" e *caminhos de paz*, com a sensação aguda de estar perdendo tempo e até de estar sendo ridículo. E é provável que você tenha uma vontade doida de cair fora. Não se assuste consigo mesmo. Acorde! Saber que as coisas são assim e aceitá-las como são: esse é o segredo da paciência. Na realidade, você está avançando. Só que esse ascender está coalhado de retrocessos, vacilações e altos e baixos. Aceite em paz essa realidade.

Os resultados dependem de uma série de fatores. O esforço e a dedicação na prática dos exercícios é um fator predominante. E a constância também influi: se uma pessoa que se exercitou regularmente durante anos abandona de repente os exercícios, perceberá bem depressa, sem se enganar, um estado de debilitação interior: o medo e a angústia começam a bater outra vez nas portas, volta o nervosismo, e ela se sente outra vez desassossegada e infeliz.

Os resultados também dependem – e muito – do ponto de partida ou estrutura da personalidade. Uma pessoa cujo interior é feito de melancolia e timidez, por exemplo, e com muito maior razão se tiver uns quarenta ou cinquenta anos (o que quer dizer que os traços negativos congênitos foram longamente alimentados e estão com raízes sólidas no subsolo) vai precisar de muito impulso e muita decisão, como também de uma grande firmeza, para progredir pelo caminho da libertação e poder saborear os primeiros frutos do descanso.

* * *

Desde antes de ver a luz, o ser humano traz escrita em seu âmago a história de sua vida, se não toda, ao menos nos traços gerais. Efetivamente, marcadas e seladas, lá dentro, nas últimas unidades viventes, chamadas *genes*, o homem traz escritas em códigos cifrados as tendências fundamentais que dão forma ao tecido de uma personalidade: inclinações para a sensibilidade, sensualidade, timidez, impaciência, generosidade, nobreza, mesquinhez... São os códigos genéticos.

Essa estrutura não muda. A gente morre como nasce. Nós podemos melhorar ou piorar, mas sempre a partir de uma estrutura básica. Não adianta iludir-se: um tipo orgulhoso-rancoroso, por exemplo, nunca vai se transformar em um ser manso e humilde de coração. Os que nasceram encantadores vão morrer encantadores. Estruturas individuais fortemente inclinadas para a melancolia, por exemplo, ou negativamente conformadas, não serão essencialmente alteradas, embora possam ser melhoradas. Mas essa melhoria tem um ritmo lento e desigual: se você perceber alguma melhoria de um ano para o outro, se sentir hoje mais facilidade de controlar os nervos, se sofrer menos do que antes, se estiver mais relaxado... é sinal de que vai tudo bem.

Os sofrimentos provenientes de um modo de ser nunca desaparecem de uma vez. Mas podem ser suavizados até o ponto de a pessoa se sentir muito aliviada, quase feliz.

* * *

Vale a pena manter altos o esforço e a luta, e canalizar todas as energias para uma prática organizada dos mecanismos de libertação.

É preciso acordar sempre e tomar consciência de que só se vive uma vez: de que esse cardápio não se repete e de que também não podemos voltar à infância para recomeçar a aventura. Os anos não perdoam. A maior desgraça humana consiste em comprovar que a existência escorre pelos nossos dedos antes de podermos saborear o mel do viver. Vale a pena envidar todos os esforços para a mais importante tarefa: afastar de nossas fronteiras os inimigos da vida: o sofrimento e a tristeza.

Para chegar ao alto dessa montanha vamos ser acompanhados na subida por este terceiro anjo: a *paciência.*

O homem da sociedade tecnológica acostumou-se a resolver seus problemas procurando e esperando a salvação, quase que por mágica, dos consultórios e farmácias. Vã ilusão e perigosa dependência! O menos que pode acontecer é que acabe perdendo a fé e a confiança em si mesmo, descuide do esforço, abandone em algum canto a paciência e, principalmente, que se esqueça de que tem nas mãos armas poderosas para salvar a si mesmo.

Quem estiver disposto a alistar-se na grande marcha para a libertação de si mesmo tem que acordar, ficar em pé, armar-se de paciência e revestir-se de coragem.

3.4 Poder mental

As coisas existem na medida em que existem em minha mente. Se você está profundamente adormecido, não existe nada para você neste momento. Mesmo que estejam acontecendo coisas horrorosas no lugar em que você vive ou que pegue fogo a casa do vizinho, para você não está acontecendo nada.

Se estão espalhando notícias sumamente desfavoráveis para você, mas você não sabe de nada, toda essa maledicência nem o fere nem perturba. É a mesma coisa que se estivessem chovendo pétalas de rosa na sua cabeça.

Vamos supor que seu coração e sua consciência deixem de funcionar por uma parada cardíaca... Podem insultá-lo, feri-lo, despedaçá-lo, você não vai se importar com nada, porque já não existirá mais nada para você. Deixando de funcionar essa fábrica de ideias e de sonhos – a mente – que os gerava, acabaram-se os seus problemas: inimizades, rasteiras, traições, ofensas... Para o morto está tudo morto.

É disso que se trata: de adquirir um poder tão completo sobre minha mente que eu possa interromper à vontade o seu funcionamento quando perceber que estou sendo dominado por lembranças que me ferem e memórias dolorosas.

Através de um treinamento constante e metódico – que vamos explicar no capítulo III – o ser humano é capaz de chegar a adquirir a capacidade de suprimir momentaneamente toda atividade mental, de fazer um vazio ou silêncio total em seu interior, a ponto de parar o curso do pensamento quando este estiver preso por obsessões ou fixações negativas.

É este, sem dúvida, o grande desafio do homem para o homem através dos séculos: que fazer e como fazer para que eu chegue a ser dono de minha mente, para que meu pensamento só se ocupe com lembranças estimulantes, ideias positivas, motivos queridos por mim e não pelos outros.

Enquanto não progredirmos nessa direção, não poderemos falar de liberdade.

* * *

Não há prisão pior nem mais dura escravidão do que uma mente ocupada obsessivamente por evocações que machucam e complexos que torturam. Como também não há maior liberdade do que ter à mão a chave que pode abrir ou fechar o curso da atividade mental. Soberania quer dizer ser árbitro de mim mesmo, de minha atividade interior.

Se todas as coisas existem para mim na medida em que são captadas por mim, na medida em que vivem em minha mente, o leitor pode imaginar que o domínio mental é um tesouro incomparável e a chave do reino da serenidade.

Esse é, portanto, um dos meios mais poderosos de libertação. Para isso, oferecemos numerosos exercícios para que o leitor, através de um treinamento constante e paciente, possa alcançar a capacidade de desligar à vontade o motor de sua mente, podendo apagar os fogos e transformar a alma em um jardim de delícias.

O *poder mental* vai ser outro anjo que nos acompanhará a todo momento no longo percurso que nos propusemos.

Para referir-nos a esse poder usaremos diversos termos, como *deixar, soltar, desprender-se, desligar-se, esquecer* – expressões que façam referência a essa sublime capacidade de desligar à vontade a atenção de qualquer lembrança ou pessoa desagradável. Desse jeito, vamos conseguir amortecer o ardor de tantas brasas acesas.

Digamos, entre parênteses, que em certos ambientes se usa a expressão *poder mental* para indicar a influência que certas pessoas podem exercer sobre outras pessoas, acontecimentos ou coisas. Pelo que dissemos, dá para ver que aqui a entendemos em sentido bem diferente.

2

As fontes

*"Oh, a mente, sim,
a mente tem montanhas,
precipícios a pique,
de horror,
não sondados por ninguém."*

G.M. Hopkins

*"As fúrias de teu coração
não poderão fazer nada
para que, o que aconteceu,
não tivesse acontecido."*
*"Deixe que os mortos
enterrem os mortos."*

Evangelho

1 Os desgostos

Hoje mais do que nunca há uma verdade sólida: *mente* é o nome novo do "inferno". Inferno quer dizer *sem saída* e onde não há saída há angústia. E angústia é o mesmo que aperto, estreitamento. Em seus muros circulares, a mente aperta e estreita em seus anéis o pobre ser humano, que se sente afogar asfixiado, como quem está com todas as saídas fechadas.

Já o afirmamos antes e, nas páginas que seguem, vamos desempoeirar e arejar esta verdade, noite terrível de que é preciso despertar e sair: a massa geral do sofrimento humano é um produto da mente. Para dizer isso de maneira gráfica, 90% do sofrimento humano é matéria subjetiva, como vamos ver. Naturalmente, não se trata de uma proporcionalidade matemática, mas aproximativa.

Esse dado não é uma notícia amarga, é uma *boa-nova*, porque está em nossas mãos a possibilidade de neutralizar, atenuar ou transformar esse subproduto da existência humana.

* * *

Somos nós mesmos que produzimos os *desgostos*. Suponhamos que três meses atrás você foi envolvido em um escândalo: foi uma situação injusta em que certas pessoas levantaram uma montanha de suposições gratuitas em cima de um fato real de sua vida, e seu prestígio foi por água abaixo. Todo esse infeliz conjunto de circunstâncias já é um fato consumado, e ficou ancorado no espaço e no tempo.

Se você jogar esse acontecimento no passado e o esquecer, ele não existirá mais para você. Mas é você (acorde!) quem está refazendo agora toda a cadeia de desgraças e começando a lembrar tudo que aconteceu, remexendo e revirando na mente tudo isso como se estivesse acabando de acontecer. Depois você fica furioso, com raiva e vergonha, como se estivesse no círculo de fogo... e é aí que um fato do passado transforma-se em desgosto. Mas é você (atenção!), só você que está transformando um acontecimento da história passada em um desgosto.

O desgosto é um produto da sua mente. Acorde e solte-se dessas lembranças dolorosas. Chega de sofrer!

2 O fracasso

Esse é outro veio inesgotável de abatimento: o *fracasso*. Também é um produto mental. Vamos ver.

Você tinha um projeto, e calculava que o plano ia alcançar um teto de cem pontos. Quando acabou a tarefa, o projeto só deu quarenta e cinco pontos. Foi um resultado negativo. Ou, na realidade, não foi um fato negativo; só foi inferior às suas previsões.

Entre frustrado e ferido pelo amor-próprio, seu coração começou a resistir mentalmente, a rejeitar cordialmente o resultado inferior ao que você esperava. Aí é que o resultado negativo converteu-se em fracasso.

Onde esteve o erro? Em ter mirado alto demais, iludindo-se que dava para alcançar cem pontos? Não, é claro. Foi em ter se *grudado* nesses cem pontos. Entre você e os cem pontos estabeleceu-se uma função apropriadora, possessiva.

Você forjou em sonhos uma imagem dourada, identificou-se com ela como em uma simbiose, e agora a construção da sua mente desmorona. Desilusão quer dizer que uma ilusão se desfaz e se perde. Você fabricou uma ilusão e a abraçou com toda a alma. Quando ela se desfez produziu em você uma espécie de desorientação, o despertar amargo de quem estava abraçado com uma sombra.

* * *

O fracasso é um conceito subjetivo e relativo. Está visto.

Nasce e vive na mente quando e na medida em que você rejeita o resultado. A partir desse momento, o fracasso começa a pressionar ou pelo menos você sente que ele pressiona. Na medida em que você sente essa pressão, resiste com toda a alma: pressão e resistência são sempre ações correlativas. Na medida em que você resiste a ela, a pressão do fracasso torna-se aceleradamente mais opressiva.

Assim, fechado nesse círculo vicioso, mortífero e fatal, o homem pode chegar a ser vítima de profundas perturbações da personalidade. Acorde! Perceba que não é o fracasso que o prende, mas você mesmo. É só você mesmo quem está criando tudo isso com suas resistências mentais ao resultado negativo. É uma loucura.

Aquilo que, no começo, não era mais do que um resultado imprevisível e parcial, de tanto ser remoído na cabeça e resistido no coração foi sendo transformado por você em um espectro monstruoso que o assusta e oprime. O problema está em você.

Que é que você pode fazer? Olhando para o futuro, é preciso distinguir duas coisas: o esforço e o resultado. O esforço depende de você; o resultado, não.

No que depende de você, você tem que entrar na luta com todas as armas e todos os meios a seu alcance: a experiência de vida, a colaboração dos outros, o sentido comum, a lei da proporcionalidade, o idealismo, o entusiasmo, a discrição... Em um campo de batalha, o estrategista não pode descuidar nenhum detalhe: de um pequeno imprevisto pode depender uma derrota.

Do mesmo jeito, em cada projeto de sua vida, depois de se propor uma meta alta, razoavelmente alta, você tem que pôr em movimento, com sagacidade e firmeza, todos os meios de que dispuser para alcançar essa meta. Deve haver uma *paixão*.

Mas também deve haver *paz*.

Como dissemos, o "pecado" consiste em estabelecer uma atadura adesiva e afetiva entre o seu coração e o resultado daquele projeto, o que equivaleria a apropriar-se de um resultado imaginário e supostamente alto.

Você corre um risco que consiste – reiteramos – não em que o suposto resultado seja brilhante, mas em ter-se *apropriado* dele antes do tempo: além de todo o resto, é uma ilusão. Por causa dessa apropriação, se o resultado for inferior ao imaginado, você vai ficar com a impressão de que foi *roubado*, de que tiraram algo que você já considerava seu na imaginação. O mal estava nessa apropriação.

Quando nós sentimos uma propriedade ameaçada, surge o *temor*, que não é outra coisa senão a liberação de energias defensivo-agressivas, desencadeadas para defender a propriedade ameaçada. Em nosso caso, chamamos esse temor de *preocupação*.

E a preocupação com os resultados vai escurecendo a vida e queimando grande parte das energias psíquicas.

Não dá para dormir bem quando a gente se sente atormentado pelo aguilhão do *que será?* Quem está agoniado por uma preocupação também não se alimenta como é preciso, e as tensões impedem o bom funcionamento do sistema digestivo, principalmente dos intestinos. Qualquer pessoa que se encontre nessa situação irá descendo cada vez mais pela ladeira da insegurança, e acabará sendo dominada por todo tipo de complexos. A preocupação com os resultados é raiz de numerosos danos.

* * *

Que é que você pode fazer? Esgotados todos os recursos e acabado o combate, tudo consumado, o sentido comum e a sabedoria mais elementar da vida confirmam-nos que é insensatez perder tempo em lamentações, batendo a cabeça contra a parede indestrutível do fato consumado. Jogue esses resultados no cantinho das coisas esquecidas e fique em paz; uma paz que vai brotar justamente quando você se tiver soltado dos resultados.

Em última análise, de que ou de quem dependem os resultados? De uma série absolutamente imponderável de causalidades, que, certamente, está muito fora do meu alcance: quantas vezes minha liberdade e a dos outros estão notavelmente condicionadas, pelo menos em certas zonas de nossa personalidade! E também influem os estados de ânimo, fatores climáticos e biológicos, a rivalidade com os outros, ou simplesmente outras eventualidades imprevisíveis.

Se os resultados não dependem de você, é loucura passar dias e noites alucinado pela obsessão do fracasso. Chega de humilhações! Envergonhar-se? Que nada! E não deixe os complexos ficarem batendo na sua porta. Solte as amarras que o ligavam emocional e adesivamente aos resultados e fique em paz com a satisfação de ter feito o que estava nas suas mãos, aceitando a realidade como ela é. Ocupado, sim; preocupado, nunca.

Esse é o segredo para o combate da vida: enfeixar juntas essas duas energias díspares: *paixão e paz.*

3 Os focos luminosos

O bem e o mal estão sempre dentro do homem. Não procedem de fora para dentro, mas de dentro para fora. Todo homem tem uma varinha mágica capaz de transformar tudo que toca em ouro e bênção. Porque, se é verdade que na mente humana forjam-se os inimigos, também é verdade que a mente do homem é o manancial de todo bem e de todo amor.

Transformamos em inimigo todas as coisas a que resistimos mentalmente. Se não gosto destas mãos, elas são minhas inimigas. Se não gosto deste nariz, destes dentes, desta cor, desta estatura... convertem-se em meus inimigos, despertam em mim os mesmos sentimentos de repulsa que um verdadeiro inimigo. Assim, você se esforça para não aparecer em público, esconde as mãos... em outras palavras, trata você mesmo como se fosse um inimigo humilhando-se, envergonhando-se. E envergonhar-se de si mesmo é como castigar-se.

Muito no fundo de todos esses sentimentos lateja um sem-número de fatuidades e de atitudes narcisistas, escalas de valores truncados, megalomanias e outras mil filhas da vaidade. Nós vamos analisar tudo isso mais tarde. Por enquanto, basta tomarmos consciência de como e onde são forjados os nossos inimigos.

Se o seu vizinho o desagrada, você o transforma em um inimigo. O problema não está nele, está em você. Quanto mais você resistir, mais vai senti-lo como inimigo. A inimizade cresce na medida em que aumenta a repulsa do seu coração.

Se você não gosta desse dia triste e escuro, esse dia é seu inimigo. Se a tosse de quem está a seu lado o molesta, ou a voz de um vizinho, ou a maneira de andar de fulano, o olhar de sicrano, este ruído, aquela temperatura, esta atitude, aquela reação... sua alma acaba transformando-se em uma cidadela rodeada de inimigos por todos os lados.

E então milhares de seres podem ir despertando em você sentimentos hostis, reações agressivas e iradas. As realidades, ao seu redor, são o que são; se você as deixasse *ser o que são* todas elas seriam suas amigas. Mas os dardos partem de suas próprias ameias.

Começamos a vislumbrar aqui um dos grandes capítulos de salvação, que apresentaremos mais na frente: deixar que as coisas sejam o que são; contemplar e considerar como *boas* todas as coisas.

* * *

Em toda reação humana é preciso distinguir dois elementos: o agente exterior (estímulo) e o impacto. Um agente exterior, estridente e violento, bate em um mar de harmonia e não acontece nada, não se produz nenhuma ferida. Normalmente, o impacto é proporcional ao estímulo; mas a quantidade do impacto pode depender também do receptor.

Por exemplo, os defeitos congênitos de personalidade aumentam na medida em que aumenta o estado nervoso da pessoa. Um tipo rancoroso fica mais rancoroso ainda quando está irritado. Um temperamento irascível chega à beira da loucura quando enfrenta uma crise de nervos. Nos momentos de nervosismo agudo, uma personalidade hipersensível é capaz de transformar agulhas em espadas.

O impacto depende, por conseguinte, não só de uma estrutura determinada de personalidade, mas também dos estados de ânimo.

Até mais. Eu diria que o fenômeno das tensões, desgostos, fúrias, depressões... não depende tanto dos agentes exteriores quanto da debilidade ou consistência do sujeito receptor. Porque, em última análise, os agentes exteriores estimulam ou impactam de acordo com a consistência da matéria receptora.

Nenhum estímulo exterior, nem o mais violento, pode ferir quem se esforça por temperar seu caráter, transformar seu coração em regaço acolhedor, habituar-se ao autocontrole, serenar seu sistema nervoso, exercitar-se na concentração e na meditação, avançar devagar, mas firmemente, para a tranquilidade mental e a paz.

* * *

Por esse caminho, chegamos a uma consoladora conclusão: em nossas mãos estão as chaves de ouro que podem transformar os males em bens e os inimigos em amigos.

A primeira condição para essa portentosa alquimia é, mais uma vez, acordar: sair do sono, livrar-se dessa confusão noturna, abrir os olhos e perceber que, se aceito esse vizinho desagradável, transformo-o em um bom amigo.

Como estou irritado, tudo me irrita. Como estou desassossegado, tudo me molesta. As coisas-pessoas que me cercam são boas, limpas, luminosas. É minha ótica particular, são meus olhos que as contemplam através do prisma escuro dos meus descontentamentos; por isso é que se tornam irritantes e hostis. O problema está aí.

A primeira chave de ouro consiste em contemplar e apreciar os lados positivos das coisas-pessoas.

Se estas mãos não são bonitas, realizam milhares de prodígios; tantos que uma terça parte da produção cerebral está orientada e é consumida pelas mãos. Você já viu alguma pessoa sem mãos? É uma loucura monstruosa envergonhar-se delas porque não têm belas proporções quando, na realidade, são uma maravilha da criação. Deixamo-nos deslumbrar pelo invólucro das coisas, que nos impede de ver os tesouros interiores. Somos loucos, e estamos dormindo.

Pode ser que seus olhos não sejam bonitos, mas que seria de você sem esses olhos, janelas por onde penetra o resplendor do mundo. É tão assombrosa sua anatomia que os sábios emudecem quando conseguem captar toda a sua complexidade e precisão. Que seria de você sem esses olhos? Uma noite eterna.

Pode ser que essa dentadura não seja uniforme e branca, mas você já pensou alguma vez na ordem e sabedoria com que estão dispostos e articulados esses dentes, e que admirável função desempenham no sistema digestivo?

Talvez você sinta o peso de certas tendências negativas no seu modo de ser, como o rancor ou a impaciência. É possível que a cruz,

cruz pesada, seja você para você mesmo. Mas você já pensou que tem sete defeitos, mas sessenta qualidades?

Você fracassou na última tentativa, mas por que não pensa em todas as outras que foram coroadas de êxito? Por que não põe os olhos nos focos luminosos? Enquanto os outros o consideram um homem de sorte e êxito, você se sente descontente e abatido, porque fixa a atenção justamente nos episódios mais negativos da vida.

* * *

Pode ser que seu companheiro de trabalho ou sua vizinha sejam impacientes e irascíveis: mas você está se esquecendo de que eles têm um enorme espírito de serviço e, às vezes, saídas comovedoras de generosidade.

Na avaliação global de uma pessoa acontece, frequentemente, que nos fixamos tão obsessivamente em um determinado defeito, que acabamos identificando e definindo a pessoa como se *fosse* esse defeito, avaliando toda a sua personalidade através desse defeito e concluindo como em uma equação que ela é igual a seu defeito. E muitas vezes nem se trata de um defeito, mas de uma reação esporádica e isolada. Somos capazes de objetivar e retratar a pessoa inteira por esse momento de emergência. É uma caricatura monstruosa, sem dúvida! Estamos sempre dormindo. É preciso acordar e fazer funcionar corretamente o quadro de valores.

De maneira análoga, pode acontecer o mesmo com você ou com a sua história: um defeito seu ou um fracasso podem fixar-se de tal maneira que você pode ir ficando com a impressão global de que sua vida ou sua pessoa foram, ou são, uma calamidade. Acorde, avalie melhor tudo isso, e vai ver que há infinitamente mais joias e tesouros do que ruínas.

Seus amigos o enganaram. O projeto dourado ruiu estrepitosamente. Um erro de cálculo levou o negócio ao fracasso. Mas quantas lições foram aprendidas! Como ajudaram você a livrar-se de manias de grandeza e de outras obsessões que o escravizavam! Neste mundo não há infortúnio ou contratempo que não encerrem aspectos positivos e lições de vida.

É essa, portanto, a primeira chave de ouro, que mais adiante vamos estudar mais a fundo: tratar de descobrir o lado positivo das coisas.

4 Deixar de lado os impossíveis

Dissemos que os acontecimentos-pessoas-coisas são meus inimigos na medida em que eu os rejeito. As coisas me agradam ou desagradam à vista, ao ouvido e aos outros sentidos; e ao desagrado corresponde minha rejeição ou resistência. Mas "desagrado" é um conceito relativo; faz referência à relação entre o objeto-agente e minha sensibilidade. E essa sensibilidade é, ou pode ser, terrivelmente subjetiva: varia de acordo com o vento dos preconceitos, os juízos de valor, as convicções, a força de vontade, os estados de ânimo...

No fundo, podemos dizer que todo sofrimento é uma resistência mental; e onde há resistência há sofrimento. Pois bem, se o homem acaba fazendo-se inimigo de tudo que rejeita, pode chegar a transformar-se em um ser universalmente sombrio, suspicaz, temeroso e temível ao mesmo tempo. E pode entrar em um círculo vicioso: quanto mais as coisas o desagradam, mais as rejeita, e quanto mais as rejeita, mais o desagradam. É preciso cair fora desses círculos de fogo. Busquemos as portas de saída. Chega de sofrer!

* * *

A resistência emocional é uma obscura força subjetiva que tende a anular e deixar fora de combate tudo que desagrada. Uma rejeição mental, com uma estratégia aplicada metodicamente, pode ajudar a vencer, parcial ou totalmente, certos inimigos do homem, como a doença, a injustiça, a pobreza.

Por isso, para evitar cair nos braços da passividade, o viajante, diante dos obstáculos que se atravessam no seu caminho, deve perguntar-se: Posso anular esse obstáculo? Até que ponto posso mitigar sua virulência ou periculosidade? Posso fazer alguma coisa?

E, como resposta, vamos nos encontrar com realidades hostis ao homem, que podem ser cem por cento solucionadas; ou, em algumas ocasiões, em porcentagem menor: 40, 15, ou 5 %. Nesse caso, é preciso ligar todos os motores e executar a estratégia com todas as forças, para deixar os "inimigos" fora de combate.

Mas também pode acontecer que tenhamos que enfrentar situações ou realidades que nos desagradam ou provocam a nossa rejeição, e que não possamos solucioná-las até mesmo por serem essencialmente insolúveis. Nós as chamamos de *situações extremas, fatos consumados,* ou, simplesmente, de um *impossível.*

Vamos fazer constar aqui o que vai aparecer ao longo destas páginas: que, numa proporção muito mais elevada do que poderíamos imaginar, nós somos impotência. Que muitas vezes não há nada ou muito pouco que fazer. Que nossa liberdade está profundamente condicionada, às vezes presa e frequentemente anulada. Que somos essencialmente indigentes. Que o que podemos é muito pouco ou quase nada. Quem for capaz de aceitar isso sem se revoltar já está na metade do caminho da libertação.

Por isso, colocados diante de situações dolorosas, deveríamos perguntar: Posso modificar isso que está me molestando tanto? Até que ponto? Que é que posso fazer? Se as portas estiverem abertas e é possível fazer alguma coisa, temos que avançar decididamente por essas portas até o campo de batalha para travar o combate da libertação.

Mas se as portas estiverem trancadas e não há nada que se possa fazer, é loucura reagir com ira, como se pudéssemos anular o irremediável com atitudes agressivas.

Esta é a porta larga da libertação: o *que é impossível, deixar de lado.*

4.1 O tempo passado

O tempo é metafisicamente irreversível. Não é possível fazer a viagem de volta ao passado no lombo do tempo. Não podemos voltar nem um minuto nem um segundo. Tudo que aconteceu desde este instante para trás é um fato consumado, um impossível.

E a lembrança do passado pode converter-se no manancial mais abundante de tristeza e sofrimento para a maioria das pessoas. É hora de despertar, e... de deixar de lado os impossíveis.

Que diríamos de uma pessoa que se aproximasse da parede e começasse a bater a cabeça contra ela? Pois é essa a situação de quem se empenha em amargar a vida lembrando e revivendo histórias dolorosas. Histórias que são inamovíveis como os muros de uma cidadela. As paredes de sua casa, mesmo que sejam de cimento armado, podem ser derrubadas com muitas marteladas. Mas os blocos de fatos consumados não vão ser deslocados nem um milímetro em todos os séculos.

Envergonhar-se deles recordando-os é como bater a cabeça na parede. Se nunca vão ser deslocados, por que fazer força para empurrá-los? Por que resistir? Deixe disso.

* * *

Faz cinco anos que o caluniaram. Faz dois anos e meio que o atraiçoaram. Faz só uma semana que você caiu no ridículo em um momento decisivo para sua vida profissional. Oito meses atrás um dos seus morreu em um acidente rodoviário. Faz sete semanas que você se viu envolvido naquela trama de invejas e maledicências e esteve a ponto de perder o emprego.

Os fatos já estão consumados. Mesmo que você derrame um mar de lágrimas, mesmo que se encolerize derramando amargura como um vulcão, é inútil. Esses fatos nunca vão ser alterados. Para que resistir? Deixe-os no esquecimento.

Quando você os recorda, dá-lhes vida. É uma loucura. É só você que sofre. Os que lhe fizeram todo mal agora estão gozando a vida alegremente e não se importam com você. Eles vivem sua vida e têm suas próprias preocupações. Quando você mexe neles em sua recordação, é só você que sofre, só você que se queima. Está batendo a cabeça contra paredes sem jeito. É uma insensatez. Acorde e mande para o esquecimento as coisas que não têm solução. Chega de sofrer!

Grave bem isto em sua mente: as fúrias do seu coração não poderão fazer nada para que o que aconteceu não tivesse acontecido.

* * *

Há personalidades com as seguintes características: são fortemente subjetivas e com tendências pessimistas. E, naturalmente, vivem dominadas por delírios de perseguição, acessos de suspeita e de apreensão. Essas pessoas não vivem, agonizam. Através dos anos encontrei diariamente pessoas desse tipo, ainda que suas falhas variassem de proporção.

Vivem lembrando histórias passadas, às vezes muito remotas, em que foram envolvidas por circunstâncias desagradáveis, ou tiveram que enfrentar personalidades importantes, pelas quais sentiram-se desprezadas, ou rejeitadas, ou pelo menos subestimadas. Agora, depois de tantos anos, recordando tudo isso, enchem-se de vergonha, tristeza e confusão tão vivamente como se tudo tivesse acontecido ainda ontem.

Tudo isso *é* uma infeliz re-criação subjetiva. Quando alguém lhes diz: Olhe que você está vivendo um sonho irreal, tudo isso é mentira, não existe mais nada... sentem um grande alívio.

Para essas pessoas, que são muitas, os arquivos da vida são uma fonte acachapadora de tristeza. Revivem a própria história com as tintas mais escuras. Sem perceber, porque *estão dormindo*, continuam imaginariamente envolvidas e enredadas nas dobras dos tais acontecimentos, já tão longínquos, culpando os outros, agredindo-os mentalmente e esforçando-se por se justificar diante de si mesmas e dos outros.

* * *

Acontece com elas exatamente o mesmo que à pessoa que tem um pesadelo noturno e o *vive* tão fortemente que acorda com taquicardia, suores e outras manifestações características de quem enfrentou uma luta terrível e descomunal. Essas pessoas revivem em sua imaginação histórias tormentosas, a ponto de quererem justificar-se e dar explicações às pessoas diante das quais sentem-se culpadas, para recuperar a estima que perderam. Revivem fragmentos de uma história que, tornando-se presentes, voltam a provocar-lhes, em grau maior ou menor, sentimentos de autocompaixão ou de culpa.

É um torvelinho insensato e irracional. Lembrança e dramatização de uma cabeça louca. Tudo é mentira. É preciso despertar, livrar-se dessas quimeras e respirar em paz. Chega de sofrer!

Já dissemos que os fatos consumados estão ancorados para sempre como muros irremovíveis e indestrutíveis. Deixe-os onde estão. Quando você os recorda, você se destrói. Tenha piedade de si mesmo e deixe de ser seu próprio carrasco. Solte tudo isso, respire e seja feliz.

Que diríamos a alguém que pegasse uma brasa com as mãos? Diríamos: Cuidado, solte essa brasa senão você vai se queimar! É isso mesmo que somos obrigados a gritar tantas vezes para acordar os que estão dormindo em cima de carvões acesos. E "soltar" quer dizer reassumir o controle da mente, desligar a atenção daquelas cenas ou pessoas, "tranquilizar" os nervos e recuperar a serenidade do espírito.

* * *

O que acabamos de dizer acontece principalmente para quem tem tendências marcadamente subjetivas. Mas, em geral, para a maioria das pessoas, os arquivos da vida podem transformar-se em jorros de água fervendo: estão tristes porque lembram coisas tristes e, lembrando-as, dão-lhes vida, abrindo de novo as velhas feridas, que nunca deixam cicatrizar de uma vez.

Por obra e graça de uma fantasia sempre ativa, repetem uma porção de vezes os pratos mais amargos da vida e isso acaba secando as fontes da alegria de viver.

Essas pessoas têm que prestar atenção constante a si mesmas, porque ao menor descuido podem voltar a "dormir" e regressam aos campos minados das recordações mais ingratas, fazendo sangrar outra vez seu coração.

É indispensável estar alerta e convencer-se de que é uma insensatez revirar os arquivos que contêm uma história irremediavelmente morta. Há um refrão popular que expressa isso muito bem: "A água que não hás de beber, deixa-a correr" e o Evangelho aconselha: "Deixa que os mortos enterrem seus mortos". Deixe que as folhas caídas se decomponham e morram. Olhe para frente e comece a viver de novo cada manhã.

Aquelas pessoas que influíram tão negativamente em momentos decisivos de sua juventude, aqueles enganos que mais tarde você lamentou tanto... deixe que a corrente do esquecimento leve tudo isso.

Aquele fracasso que, por ser o primeiro, o machucou tão mortalmente que você passou anos respirando por essa ferida, aquelas hostilidades nascidas de invejas, aquela rasteira malandra, aquelas incompreensões, aquelas meias verdades mais perniciosas do que a calúnia, que arruinaram o seu prestígio..., deixe tudo isso, que a corrente o leve para a região do esquecimento.

Os que nunca o apreciaram, os que sempre o desprezaram, aquela crise afetiva que foi como um vendaval no seu projeto de vida, aquele descalabro nos seus negócios que derrubou a economia doméstica, aqueles ideais que você nunca pôde realizar... deixe tudo isso na paz dos mortos. Você, *viva*.

As águas que passaram não vão passar outra vez. *Réquiem* sobre as folhas mortas e os arquivos esquecidos. Você, levante a cabeça, abra os olhos, olhe para frente e caminhe para um mundo de alegria e de esperança.

4.2 As pedras do caminho

O caminho está coalhado de pedras, em geral toscas, frequentemente pontiagudas, poucas vezes lisas e redondas. Que fazer com as pedras do caminho? Pulverizá-las a marteladas? Sepultá-las com terra? Jogá-las uma por uma no rio?

O caminhante tropeça nelas a cada passo, machuca os pés, perde sangue. Não pode evitá-las dando uma volta pelas colinas onduladas. Queira ou não queira, as pedras estão aí à sua espera. Que fazer com elas?

O avião chega muito atrasado. A reunião acabou em clima tenso. O granizo acabou com os trigais. O chefe ficou muito ofendido. Um pneu furou. A conferência não acaba mais. O locutor tem uma voz desagradável. O trânsito está engarrafado. Que tipo mais antipático! Há uma enorme fila de espera. Os vizinhos sofreram um assalto armado. Tocam música estridente. Não fomos bem nos exames. Nosso time perdeu. Temos que mudar de casa. A inflação disparou. Houve um terrível acidente aéreo. A taxa de crescimento baixou. As geadas ameaçam as colheitas deste ano. Os pais se separaram. Recrudesceu a guerra no Oriente. Perdemos a causa. Num acidente da estrada houve três mortos e cinco feridos. Deram três meses de vida para mamãe. As inundações devastaram o povoado. Hipotecaram a casa de um irmão. Por todos os indícios, trata-se de um carcinoma...

Essas são as pedras do caminho.

Jogados dentro dessa fogueira, cercados por todos os lados, e diariamente, por chamas famintas, como manter os nervos em calma? Como não sucumbir a esse assédio teimoso? Como não ser devorado pela angústia? Como salvar-nos da morte cotidiana? Como transformar as pedras em amigas ou irmãs?

* * *

A regra de ouro é esta: deixar que as coisas sejam o que são. Uma vez que cheguei à conclusão de que não há nada que eu possa fazer, e que os fatos se farão teimosamente presentes ao meu lado, sem o meu consentimento, a razão me aconselha a aceitar tudo com calma, quase com doçura.

Aceitar significa admitir, sem irritação, que o outro seja como é, que as coisas sejam como são. Usamos indistintamente os dois verbos: *aceitar e deixar*. E ainda que aceitar tenha um sentido mais ativo e deixar seja mais passivo, no fundo os dois se referem à mesma atitude.

Não se deixe crivar com as flechas que chovem de todo lado. Solte os nervos, concentre serenamente sua atenção em cada coisa que acontece ao seu lado e, em vez de se irritar, *deixe* tranquila e conscientemente – quase carinhosamente – que *cada coisa,* uma por uma, *seja.*

Não maltrate as pedras que encontrar no caminho. Não resista a elas. Não se aborreça com elas nem as trate a pontapés. É só você que sofre com isso. Não transfira cargas emocionais agressivas a tudo o que acontece; o alvo dessas fúrias é você mesmo, só você.

Seja delicado com as pedras. Aceite-as como são. Suas cóleras não vão amolecê-las. Seja carinhoso e doce com elas; essa é a única maneira de elas não o ferirem. Se não puder assumi-las, se não puder carregá-las nos ombros com ternura, pelo menos deixe-as para trás, no caminho, como amigas.

Esta é a pedra filosofal para transformar os inimigos em amigos e fechar uma porção de fontes de sofrimento.

4.3 A irmã doença

O aguilhão da enfermidade não é a dor física nem a distorção orgânica, nem mesmo as limitações de que cerca o paciente, mas a perturbação mental.

Um cachorrinho pode ter o cólon irritado ou insuficiência coronária. Como não está voltado para si mesmo nem pensando em sua dor ou enfermidade, porque vive "fora de si", apenas *sofre.*

O cachorrinho não molesta a doença com sua irritação; deixa-a em paz e por isso ela não é uma vizinha pesada para ele, mas uma companheira do caminho, quase uma amiga.

Essa é a vereda da sabedoria. Uma vez que o homem fez ou está fazendo tudo que está em suas mãos para vencer a doença, deve depor toda agressividade, não se irritar contra ela, não entrar em inimizade com ela, deixá-la em paz.

E se vai ser porfiadamente acompanhado pela doença ao longo dos dias, que não seja na qualidade de inimiga, mas de irmã e amiga. Tudo que se aceita transforma-se em amigo, em uma reconciliação sem fronteiras.

A irmã doença!

* * *

Aceite em paz qualquer defeito corporal: reumatismo, artrose, manqueira, miopia, calvície, cabelos brancos, dentes defeituosos, nariz proeminente, olhos apagados...; deformações ou malformações no rosto, boca, pele, pescoço, braços, costas, mãos, pernas...; deficiências de audição, no andar, no falar...

Não se envergonhe de nada, não se entristeça, não se irrite, não resista. Aceite tudo como é, deixe que tudo seja fazer-se amigo dessas deficiências, ver os ângulos positivos, agradecer... pensar que, se você é míope, poderia ter nascido cego; se não é bonito, poderia ter nascido defeituoso.

Apesar de tudo, você é uma maravilha. Muito obrigado!

4.4 A irmã morte

O homem, com sua furiosa resistência mental, transformou a morte em uma imperatriz da terra e senhora do universo. Nenhuma realidade encontra tanta oposição como ela, e por isso é a inimiga por antonomásia do homem e da humanidade. E cresce na medida em que é rejeitada.

Não obstante, não é nenhuma realidade. É, simplesmente, um conceito subjetivo e relativo e, certamente, o pior aborto da mente.

A esse simples fato ou ideia de cessar, o homem revestiu de tons vermelhos e contornos ameaçadores. Quanto mais pensa nela, mais a teme, e quanto mais a teme, mais a engrandece, até transformá-la em espectro e maldição, abismo e vertigem alucinante.

O homem nasce. Pouco a pouco, abre os olhos e enxerga lá longe aquela porta entreaberta que um dia terá que transpor.

E esse pensamento faz que sua vida seja um morrer, porque o abismo o seduz e aterroriza ao mesmo tempo.

E preciso acordar e tomar consciência de que o próprio homem, só ele, é quem está gerando o fantasma.

* * *

Uma andorinha não morre; simplesmente se extingue, como uma vela. O mesmo acontece com animais consideravelmente agressivos, como um tubarão, um rinoceronte ou um touro. O mais temível dos felinos é o leopardo. Quando o encurralam e atacam, solta toda sua agressividade mortal.

Mas quando a morte põe em xeque o leopardo através da torrente vital, o felino não resiste nem contra-ataca; retira-se humildemente para um recanto da floresta, deita-se e deixa-se levar pela morte como um manso cordeirinho. Não morre, porque não resiste; não há agonia. Por mais leopardo que seja, também se apaga como uma humilde vela.

O único ser da criação que cria problemas (e que problemas!) com a morte é o homem: é sua mente – como dissemos – que reveste com caracteres de maldição e de estigma definitivos um simples conceito, a ideia de acabar, e por isso resiste a essa ideia com unhas e dentes, transformando esse transe no combate dos combates. Agonia etimologicamente quer dizer luta, o *combate* por antonomásia.

* * *

A magnitude da vitória da morte sobre o homem está em proporção com o desespero e agressividade com que o homem a rejeita. O principal problema da humanidade não é como eliminar esse inimigo supremo (o que, por outro lado, seria uma ilusão, porque tudo que começa acaba), mas em como fazer para transformar a morte em uma *irmã*, uma *amiga*.

E já sabemos o que é preciso fazer: *deixar-se* morrer. Uma vez que se fez tudo que era possível para evitá-la, mas *ela* continua batendo na porta, é preferível abrir voluntariamente a porta, antes que ela a derrube com violência.

É preciso acordar e convencer-se de que tudo que nasce morre; e que, quando chega a hora, não adianta resistir. Repetimos: Que diríamos de uma pessoa que batesse a cabeça numa rocha? A rocha está aí, imóvel, inevitável. Deixe-a, que não acontece nada. Mas é o homem que, em sua insânia, bate-se contra ela, arrebentando-se. A morte está aí, inexorável como uma escarpada. Pretender pulverizar a escarpada a marteladas é uma imolação sem sentido.

Depois que a gente fez o possível para manter no alto a tocha da vida, quando chega a hora, e quando *ela* já está na porta, é uma loucura opor-se ao desenlace inevitável. Nesse transe, a sabedoria aconselha a pendurar a espada, soltar os remos, deixar-se levar.

O homem tem que se tornar amigo da morte. Isto é, tem que aceitar a ideia, tem que se fazer *amigo da ideia* de ter que acabar. Serenamente, sabiamente, humildemente deve aceitar acabar: soltar as garras que o amarram à margem e... deixar-se levar mar adentro.

Tudo está bem. É bom o duro inverno; depois virá a primavera. Depois que eu acabar, outros começarão, assim como muitos tiveram que parar para que eu começasse. As coisas são assim, e é bom que sejam assim, e é preciso aceitá-las como são. Eu acabarei, outros me seguirão. E, em sua incessante ascensão, o homem vai voar cada vez mais alto e mais longe. Tudo está bem.

Essa é a vitória do homem sobre a morte. Dessa maneira acabamos transformando o pior inimigo em um amigo.

4.5 Dispersão e desassossego

A dispersão, em si mesma, não é um germe de sofrimento. Antes, é efeito de múltiplos fatores que vamos estudar agora. Mas, de todas as formas, carrega em suas dobras uma dose notável dessa sensação desagradável que chamamos de desassossego. E este transpõe com a maior facilidade as fronteiras da angústia.

A dispersão, no sentido em que vamos analisá-la aqui, identifica-se, quanto ao conteúdo e aos efeitos, com o nervosismo, entendendo-se por nervosismo uma sobrecarga de energia neuroelétrica em estado de descontrole.

A dispersão é a doença típica da sociedade moderna, a sociedade tecnológica. Não está tipificada em nenhum quadro clínico, mas, de fato, vem a ser o subsolo ideal em que normalmente germinam e se alimentam a depressão e a obsessão e, principalmente, a angústia.

* * *

Definitivamente, a dispersão é a desintegração da unidade interior. Sentir-se integrado interiormente equivale a gozo e força. Uma pessoa dividida, no entanto, prova desassossego e fraqueza.

O sujeito dispersivo, em vez de sentir-se unidade, sente-se como um acervo de fragmentos de si mesmo, justapostos e sem coerência, como se forças diferentes e contraditórias cravassem suas garras nele e o puxassem em todas as direções: desafios por este lado, ameaças pelo outro; frustrações por aqui, entusiasmos por lá. Resultado? Um desconjuntamento, uma formidável decomposição interna que torna o homem abatido e infeliz. Infeliz porque se sente fraco e fraco porque se sabe incapaz de reter em suas mãos as rédeas de suas energias e impulsos.

É a dispersão, sobretudo quando atinge graus elevados, uma das sensações humanas mais desagradáveis, porque envolve a vida toda em uma roupagem tecida de mal-estar, nervosismo e insegurança, em que o próprio viver desagrada.

* * *

Muitas vezes eu vejo o homem de hoje como uma fortaleza assediada por terra, mar e ar, com a agravante de ter encerrados e escondidos dentro de seus próprios muros numerosos inimigos.

As pressões provêm de todos os lados e convergem certeiramente para o coração da fortaleza. Não raramente, o lugar de trabalho é um vespeiro de intrigas; com frequência o homem sente a seu lado uma desapiedada competição profissional; muitas vezes as relações familiares são fonte de incompreensões. E com quanta frequência, ai! o santuário do matrimônio converte-se em um quadrilátero de combate e dor. A saúde experimenta alternativas inquietantes; a poluição do ambiente, o congestionamento do trânsito, as multidões amontoadas, as alterações atmosféricas, as irradiações telúricas, o granizo invisível dos raios cósmicos... O sistema nervoso do pobre homem recebe esse assédio implacável e vai se debilitando a cada golpe, até acabar como um lutador vencido.

Há personalidades que, por causa de sua sensibilidade, são mais vulneráveis. E esses estímulos cortantes podem causar-lhes estragos a ponto de acabar na angústia vital.

* * *

Em épocas pretéritas, quando ainda não existiam os modernos meios de comunicação, o ambiente vital do homem se circunscrevia à vizinhança, aldeia ou pequena cidade. Hoje, seu ambiente tornou-se planetário: tragédias acontecidas no outro hemisfério tornam-se presentes a cada cinco minutos pelos *flashes* da televisão com imagens vivas, às vezes arrepiantes.

Os impactos persistentes e violentos debilitam os nervos, perturbam o sono, arruínam a digestão intestinal e aumentam as batidas cardíacas. Quando os impactos são ainda mais violentos, como um acidente mortal, a perda do emprego, o divórcio, produz-se uma cadeia complexa de processos bioquímicos, e pode acontecer uma alteração profunda das funções mais vitais do organismo. O hipotálamo põe em movimento o sistema nervoso autônomo. A glândula suprarrenal segrega adrenalina e a derrama na torrente circulatória. A pressão arterial eleva-se. A respiração torna-se mais rápida e agitada. Podem manifestar-se agudas cefaleias ou os primeiros sintomas de uma séria depressão.

Até agora vimos que os dardos envenenados provinham das antenas exteriores.

Mas os agentes também podem estar agachados por entre os muros da própria fortaleza. Nesse caso, normalmente encaixam-se em um só feixe os fatores externos e internos até formar um novo e fatal círculo vicioso: os golpes exteriores provocam alta tensão interior que, por sua vez, desarticula a integridade psíquica, fazendo com que o tecido interior torne-se cada vez mais vulnerável. Nessas condições, os impactos exteriores podem causar feridas verdadeiramente letais.

Por dentro, o homem é um oceano em perpétuo movimento. Arrasta consigo um tumulto de vivências contraditórias: esperanças e desânimos, euforias e frustrações. As preocupações inquietam-no; as ansiedades se assemelham à agitação de um mar bravio. Os fracassos deixam-no marcado, ferido, amargurado. Tem importantes projetos, que ao mesmo tempo o seduzem e o perturbam. Certos ressentimentos e pressentimentos fixam-se vivamente em sua alma como garras cravadas na carne.

Essa enorme carga vital cai sem piedade sobre o homem, avassalando sua unidade interior até despedaçá-la, como uma pedra pesada quando cai sobre um vidro. Sua cabeça parece um manicômio. Além da desordem, há principalmente falta de controle. Quanto mais dividida e fragmentada estiver a alma, mais difícil será entrelaçar, coordenar e dar coesão às partes.

Além disso, o homem ("esse desconhecido") é uma complexíssima rede de motivações, compulsões e instintos, que mergulha suas raízes nas mais arcanas profundezas. Diante do inconsciente, a consciência é um palito de fósforo aceso na escuridão da noite.

No meio desse universo insondável, o homem, enquanto consciência livre, sente-se agitado, sacudido, ameaçado por um esquadrão compulsivo de forças, sem saber exatamente de onde provêm e para onde o levam. Esses inimigos interiores, provavelmente os mais temíveis, agridem por dentro e ferem a trama unitária da personalidade até despedaçá-la. É a dispersão.

A pessoa afetada por ela é como um exército em que o comandante perdeu autoridade sobre os soldados; eles fazem o que querem. E um exército sem autoridade já está derrotado. Um homem dividido e desintegrado interiormente, sem poder nem autoridade sobre suas faculdades já abertamente rebeladas, abre a entrada para inimigos mais temíveis.

Uma pessoa assim não pode sentir-se à vontade na vida, não tem a sensação de bem-estar. Pelo contrário, sente-se mal, desajeitada, invadida pela típica falta de vontade de viver.

Aí está a dispersão.

* * *

Que é que você pode fazer?

Há alguns que são constitutivamente nervosos, dispersivos. Esses podem melhorar. Os outros, os normalmente nervosos podem sarar de uma vez.

Repetimos as mesmas palavras de ordem: não há receitas automáticas; o trabalho vai ser prolongado, lento. Não nos devemos assustar com altos e baixos, que logo hão de se manifestar. É preciso ter muita paciência e constância nos exercícios.

Todos os elementos que vamos dar no capítulo III servirão de ajuda. Mas os exercícios específicos contra a dispersão são os seguintes: o *relaxamento*, a *concentração*, o *silêncio*.

Vale a pena submeter-se a uma paciente autoterapia. Trata-se de recuperar a unidade interior, a sensação de bem-estar e o poder sobre si mesmo. Tudo isso, por sua vez, equivale a fechar as portas para as angústias, as obsessões e depressões.

4.6 Um inimigo invisível: a rotina

É como um cupim que, silencioso e invisível, vai penetrando na madeira até corroê-la e enfraquecer os fundamentos do edifício. É como a penumbra que desliza imperceptivelmente para dentro dos aposentos interiores na hora do crepúsculo: por não ser luz, não é amada; por não ser escuridão, não é temida. Passa despercebida. É a *rotina*.

Não é carcinoma nem vírus. Não aparece tipificada em nenhum quadro patológico. Os profissionais não a conhecem, ou pelo menos não se preocupam com ela. Por isso ninguém estuda sua etiologia nem procura remédios para combatê-la. Não se mete em aventuras nem se envolve em escândalos. Passa tão despercebida que ninguém se assusta nem com a sua sombra.

* * *

Entretanto, justamente pelo que dissemos, a rotina é a força mais desestabilizadora das instituições humanas e da própria vida. Não tenho dúvida de que é o roedor mais temível da instituição matrimonial. Além de todos os problemas de adaptação que podem surgir entre os esposos, a *rotina* começa desde a viagem da *lua de mel* a socavar as raízes do sonho e do amor.

Está presente nos escritórios dos profissionais, nas atividades dos sacerdotes, nas tarefas de uma mãe, na vida das comunidades e dos grupos. Toma conta de todos os afazeres humanos reduzindo-os à monotonia e ao aborrecimento. Por causa da rotina, as pessoas experimentam uma queda constante na manutenção de seus compromissos, perdem o ímpeto inicial, afrouxam o entusiasmo. Vem a apatia, as ilusões desmaiam e temos a tibieza. Nada é frio nem quente e por isso tudo acaba causando tédio.

Podemos ser arrebatados hoje por uma preciosa melodia, mas se a escutarmos quinze vezes já não gostaremos tanto dela, porque vai nos desgastando. Se a escutarmos trinta vezes vai nos aborrecer. E se escutarmos cinquenta vezes ficaremos enfastiados. Uma comida gostosa, repetida vários dias de manhã e de tarde, primeiro cansa; depois enjoa e no fim vai provocar náuseas.

* * *

Que é a rotina? Se é difícil detectá-la, é mais difícil descrevê-la e praticamente impossível defini-la.

Há uns tantos conceitos cujas fronteiras cruzam-se com a rotina. São: o *aborrecimento*, a *monotonia*, o *tédio*, a *náusea*. Às vezes não se percebe claramente as linhas divisórias entre uns e outros.

Digamos que cada momento traz algo de novidade em relação ao momento anterior. Por exemplo: agora estou fazendo ginástica; antes eu tinha me lavado; depois vou para o escritório e trabalho várias horas; mais tarde atendo no consultório; depois escuto música; então vou almoçar; de tarde dou um passeio... É evidente que, objetivamente, cada momento é diferente do anterior, porque cada momento tem um conteúdo – atividade – que lhe é próprio.

Entretanto, se eu realizar atividades diferentes, mas não as perceber como distintas, já estamos dentro do aborrecimento e nas portas da rotina. Pois bem, se cada momento, como dissemos, implicava uma atividade peculiar e ela perder esse seu relevo, os momentos irão perdendo seus contornos e começarão a se amontoar. É assim que se esvai e fenece o *tempo interior*. Caímos nas redes da rotina.

* * *

A rotina aparece quando as coisas começam a perder seus contornos diferenciadores *para mim*. As coisas perdem *novidade, tudo fica igual*, tudo é informe e amorfo. Aí entra em jogo a monotonia, que é mãe e filha da rotina. Como consequência, os elementos diferenciadores de cada momento começam a perder o relevo, sobrepondo-se uns aos outros e ficamos com a sensação de que o tempo parou, isto é, de que morreu o *tempo interior*, que marca a passagem entre a situação presente e a seguinte.

Pior: desaparece a capacidade de se maravilhar, que é a capacidade de perceber cada coisa como nova, e também de captar *cada vez* como nova uma mesma situação, o que faz com que a vida seja uma eterna "poesia", como aquela manhã da criação em que o homem deu nome a cada coisa por obra e graça do maravilhamento. A morte da capacidade de maravilhar-se chama-se rotina.

É assim que uma vida perde gosto e sentido, beleza e novidade. Por esse caminho podem chegar o tédio e a náusea. Quando um alimento se desnaturaliza, corrompe-se: daí vem a reação vegetativa que chamamos de náusea.

Da mesma maneira, quando as coisas e a própria vida perdem sua natureza própria ou identidade específica, o homem pode experimentar o que os antigos chamavam de *tédio da vida*, isto é, a náusea no nível psicológico ou experimental. Muitos dizem: Dá tudo na mesma. Não se trata, como se vê, de uma sensação de sofrimento. Mas, haverá sofrimento maior?

* * *

A rotina é motivada, em parte, pela repetição. Toda coisa ou situação percebida pela primeira vez brilha como nova. Tudo que é novo tem novidade. Novidade é o nome que damos à captação vivencial dessa coisa ou situação. Se a coisa tem novidade, o movimento também tem, e percebemos a diferença entre um momento e outro. É essa diferenciação que estamos chamando de tempo interior.

Na medida em que a coisa ou situação se repetem, "gastam-se" para mim. Isto é, perdem originalidade ou capacidade de impacto; porque, afinal, a novidade não é senão a capacidade de impacto que uma coisa produz sobre um sujeito receptor. Mas se a situação se repete mais de uma vez da mesma maneira, podem desaparecer o impacto, a maravilha e a novidade.

Por isso é que vemos casais que viveram plenamente o seu compromisso durante quatro ou cinco anos começarem a se deteriorar, acabando em uma existência lânguida, dominada pela apatia, sem capacidade para infundir novidade nas coisas diárias da vida, sem encantamento.

Cada dia nós cruzamos caminho com jovens cansados de viver aos vinte e cinco anos, sem idealismos nem projetos para o futuro, afogando o aborrecimento no álcool ou em drogas. Poderíamos afirmar que são muito poucos os que, com o passar dos anos, conservam aquela espécie de aura primaveril, que é flor e fruto da capacidade de se maravilhar. Assim se explica o fenômeno humano dos velhos-jovens e dos jovens-velhos.

* * *

Dissemos que a repetição gera a rotina. Mas não é sempre exatamente assim. Quando os recintos interiores estão povoados de entusiasmo – esse "deus" interior, que também é um dom de Deus – uma mesma frase: "Eu gosto de você", repetida cinco mil vezes, pode ter maior novidade na última vez do que na primeira. Cinco mil dias vividos em companhia de uma pessoa podem ser sempre novos e o último deles pode até despertar maior maravilha e vibração do que o primeiro. O mistério e a solução da rotina residem, portanto, no interior do homem.

Há a tentação de recorrer à *variedade* para vencer a rotina: percorrer terras novas, descobrir outros povos ou paisagens desconhecidas, travar novas amizades, modificar os hábitos cotidianos. Está bem. São ajudas positivas.

Mas não é esse o caminho da verdadeira solução. A novidade tem que vir de dentro para fora, não de fora para dentro. Uma paisagem incomparável, contemplada por um espectador triste, não passa de uma triste paisagem. Para um doente de melancolia, uma esplêndida primavera é como um outono lânguido. Quantas vezes os efeitos de uma sinfonia ou de um poema dependem do estado de ânimo do ouvinte ou do leitor!

O que importa é conservar a lâmpada acesa. Quando o interior do homem é luz, tudo é luz. Como dissemos no começo, quando as salas do castelo interior estão povoadas de alegria, até os peixes do rio estão alegres. Um espírito aberto para a maravilha reveste de novidade o universo inteiro.

Eis o segredo: ser eternamente criança para ser capaz de dar um nome novo a cada situação, a cada coisa, uma por uma, como na primeira manhã da criação.

5 As obsessões

Uma pessoa está em seu quarto. Entra um inimigo e fecha a porta. A pessoa não pode expulsar o intruso nem sair. Isso é a obsessão.

Já me assustei mais de uma vez quando pude comprovar que o fenômeno da obsessão é um mar de sofrimento sem fundo e sem margens. Dezenas de vezes eu me senti absolutamente impotente, com o natural abatimento causado por toda impotência, para livrar as pessoas de seus obsessivos círculos fechados.

Esse fenômeno é parente da ansiedade-angústia, mas em si mesmo é outra coisa. Entre as duas, obsessão e ansiedade-angústia, há uma relação de causa e efeito, como um círculo vicioso, como vamos ver. Mas incluem, repito, conteúdos especificamente diferentes.

O *eu* sente-se alheio à representação obsessiva, como se um corpo estranho se tivesse incrustado na personalidade. Trata-se, definitivamente, de representações que se impõem à pessoa e se apresentam no primeiro plano da consciência contra a sua vontade. Afastá-las é difícil, quase impossível.

O específico da obsessão é que a pessoa a sofre e se sente dominada. Percebe que o conteúdo obsessivo não tem sentido e que se instalou sem nenhum motivo. Mas, apesar de tudo, sente-se incapaz de afugentá-lo. Isso é o mais característico do fenômeno obsessivo.

A maior infelicidade que uma pessoa pode experimentar é não poder ser dona de si mesma, sentir-se interiormente vigiada e paralisada pela presença de um guarda. É como se lhe tivessem algemado pés e mãos, como se sua liberdade tivesse sido gravemente ferida em uma asa e ficasse totalmente incapaz de voar. para ser verdadeiramente dona e senhora de si mesma, de seu próprio mundo.

Temos que esclarecer mais uma vez que não estamos falando de doentes obsessivos, que precisam de tratamento clínico, mas dos que procuram dissimular sua situação e conseguem viver em sociedade como pessoas normais, o que, por si mesmo, já é prova de que não se tratam de doentes clínicos. Mas, ao mesmo tempo, sofrem intensamente, ainda que em certos espaços de tempo e com altos e baixos. De fato, a obsessão acaba transformando-se em um dos maiores produtores de sofrimento humano.

5.1 *Exemplos*

As representações obsessivas têm a mais variada escala de matizes, tonalidades e intensidade.

O povo tem uma expressão muito acertada quando diz: *fez, está feito.*

Uma mulher viveu durante muitos anos cuidando de seu pai doente, e o fez com esmero e carinho. Meses depois da morte do progenitor, a filha pôs na cabeça que não tinha cuidado do pai com solicitude suficiente enquanto ele estava vivo. Percebia que esse pensamento não tinha nenhum fundamento, mas não podia evitar que a dominasse. E dominou-a até o ponto em que, quando a conheci, ela vivia uma angústia mortal, à beira da depressão.

Há pessoas que, no melhor de uma festa ou no dia mais feliz, metem na cabeça que aquilo tudo vai acabar, e perdem toda capacidade de aproveitar.

Conheci pessoas com quem acontece o seguinte: quando se deitam, à noite, enfiam na cabeça a obsessão de que, se adormecerem, a morte vai surpreendê-las em pleno sono e vão morrer sem perceber. Ficam tão ansiosas que não conseguem dormir.

Quando se preparam para uma viagem, abrem sete vezes as malas para ver se não esqueceram um objeto importante. Ou então voltam para casa ou se levantam da cama para ver se a porta estava bem fechada, ou então têm que lavar as mãos ou os dentes uma porção de vezes.

O pensamento obsessivo manifesta-se frequentemente em forma de interrogação, e inclui o medo, que, por sua vez, é um autêntico detonador:

E se eu não dormir esta noite? Essa dúvida torna-se obsessão, e a obsessão vira angústia, e a angústia não as deixa dormir.

E se eu ficar vermelho diante dessa pessoa? A ideia fixa e o medo desencadeiam um processo, e a pessoa fica de todas as cores. O que tanto temia e se esforçava por reprimir é-lhe imposto.

Quem sabe se a presença de fulano na sala, durante a minha conferência, não me vai deixar nervoso? E, de fato, a fixação nessa pessoa acaba bloqueando completamente a inspiração.

Como se vê, a dúvida e o medo agem como detonadores.

* * *

O barulho da rua, o tique-taque do relógio, o ruído da água... será que não me vão perturbar o sono? Acabam perturbando.

O som do televisor não vai atrapalhar meu estudo? Claro, mas não é o som, é a ideia obsessiva do som.

Os roncos de meu colega de quarto não me vão impedir de dormir? Claro que vão, mas não são os roncos, é a ideia fixa dos roncos.

Você sabe que aquela pessoa pensa e diz que você é antipático. Encontra-se com ela e procura mostrar-se simpático, mas acaba sendo pior do que nunca. A ideia obsessiva desencadeia um processo contrário: o que você queria evitar impõe-se e domina.

E se eu não souber direito a lição, se a operação não der certo, se eu esquecer a matéria do exame? É claro que vai sair tudo errado.

A maior parte das chamadas *dúvidas de fé* reduzem-se a isso: o medo repressivo faz com que aquilo que se quer evitar acabe dominando. Não são dúvidas de fé, são reações psicológicas.

Acontece o mesmo com os pensamentos ou desejos desonestos: o que se teme e se reprime contra-ataca na medida em que é reprimido; é como uma mola muito apertada: quanto mais forçada, mais salta.

A dúvida degenera quase sempre em inquietude obsessiva. Em relação à salvação eterna, coloca-se desta forma: Quem sabe se eu vou me salvar? E se estiver predestinado à condenação eterna? Conheci sacerdotes já velhos com dúvidas (dúvida obsessiva) acerca da validez de sua vocação e, por conseguinte, de suas missas e confissões. Há angústia maior? A religião, principalmente se está alicerçada na culpa e no temor, é uma das fontes mais profundas de obsessão e angústia. Há pessoas que se confessam diariamente e até várias vezes por dia, porque puseram na cabeça que não contaram direito os pecados. Quanto mais se confessam, mais ficam intranquilas... pensando se consentiram neste ou naquele pensamento ou imaginação. É uma tortura! E dizem: se não fosse o aguilhão desses escrúpulos, eu seria a pessoa mais feliz do mundo.

* * *

Existem setenta e cinco lembranças agradáveis e só cinco negativas de toda a sua história dessas pessoas. Mas o que se impõe na consciência são esses cinco pontos negros, de modo que acabam dominando todo o seu horizonte histórico, como se sua vida se resumisse nessas cinco recordações negativas, tornando impossível uma avaliação correta de si mesmo.

Um só fracasso obsessiona algumas pessoas de tal maneira que, por muitos anos, respiram por essa ferida. E desencadeia em seu interior um processo geral de insegurança e de complexos de inferioridade, perturbando notavelmente o desenvolvimento harmônico da personalidade e orientando-a para atitudes pessimistas e reações negativas.

De repente, o rancor adquire em algumas pessoas caracteres obsessivos: o personagem mais desagradável (um "inimigo") invade sua mente e se instala com marcas tão indeléveis que não dá para expulsá-lo. Vivem dominadas pela lembrança desse "inimigo".

Certas fobias ou manias contra determinada pessoa também têm um caráter obsessivo. Trata-se de um impulso insuperável e incontrolável de antipatia: uma obsessão que nasceu e vive a despeito da pessoa afetada. Mas está aí. Quem poderá arrancá-la?

* * *

As *presunções* ou *apreensões* são ideias fixas revestidas na mente do sujeito de tal realismo que ninguém poderia convencê-lo de que é subjetivo o que está supondo: fulano está contra mim; aqui ninguém me aceita; o chefe já sabe; aqueles outros perderam a confiança em mim; aquele não me cumprimenta mais e isso é sinal de que já lhe "sopraram" o que eu disse dele; estão tramando nos bastidores para me derrubar do cargo; ninguém mais acredita em mim...

São suposições que não têm nenhum fundamento. Puros fantasmas. Mas essas pessoas os revestem em sua imaginação de um realismo tão grande que os vivem como se fossem pesadelos. Quantas vezes eu vi despontar a aurora da alegria em seus rostos só com este toque de clarim: Acorde! Tudo isso é mentira, puro fantasma da sua mente.

Há casos em que não há propriamente conteúdos, mas estados obsessivos. E isso é mais grave. Essas pessoas não são torturadas por obsessões de contornos concretos, mas por uma confusa mistura de lembranças que pesam sobre elas, de inquietudes pungentes que vêm como ondas sucessivas não se sabe de onde nem para onde:

fundos escuros, mundos desconhecidos, impressões irracionais, sensações sem rosto... tudo envolvendo essas pessoas em um clima de temor confuso e escuro, como se mil feras invisíveis cruzassem seus caminhos.

Esses estados acontecem em certas pessoas e em determinadas circunstâncias e, provavelmente, precisam de tratamento clínico.

5.2 Causas e remédios

Eis a obsessão: noite de fantasmas, mar sem fundo de angústia e de ansiedade. Lendo as páginas precedentes, o leitor pode ter perguntado: Que se pode fazer para espantar todas essas sombras?

O fenômeno é sumamente complexo. Há pessoas cuja constituição genética, recebida por hereditariedade, tem queda para fixações obsessivas. Basta aparecer de repente um fator estimulante, como um detonador, e elas logo entram em crise, sentem-se assediadas pela obsessão e não sabem como sair dessa situação.

Esses detonadores podem ter tonalidades muito distintas. Poderíamos dar uma porção de exemplos para demonstrar como um mesmo motivo provoca um pavor obsessivo em alguns e deixa outros impassíveis. O que hoje está assustando e obsessionando uma pessoa, daqui a um mês pode não ter nenhum efeito, e vice-versa. Como veremos, o fenômeno depende também dos estados de ânimo: quando uma pessoa se encontra em estado altamente nervoso ou dispersivo, normalmente será presa fácil das obsessões, o que não acontecerá quando estiver tranquila ou em uma situação normal.

Em outras ocasiões há uma série de motivações e moventes que, de dentro da escuridão, atuam sobre a pessoa. Nesse caso, os conteúdos obsessivos estão ligados à história vital interna da pessoa, em que umas vivências se encadeiam com outras, emergindo na obsessão como uma síntese de caráter simbólico feita de acontecimentos passados.

Nesse caso, um bom tratamento de psicanálise pode ajudar a descobrir e trazer à luz as motivações obscuras que geraram a obsessão. Frequentemente, o simples fato de tomar consciência do que acontece no misterioso plano dos submundos interiores costuma ser o princípio da cura.

* * *

Nós não estamos nos referindo aqui – repetimos mais uma vez – a doentes obsessivos, aqueles que precisam de cuidado médico, mas aos que são *obsessivos normais*, sem esquecer que também esses podem cair, por emergência, em crises insuportáveis.

Conforme pude observar, esses obsessivos normais entram quase sempre neste temível círculo vicioso: a vida agitada, as pesadas responsabilidades, e também um ambiente vital agitado e dominador, levam essas pessoas a uma desintegração da unidade interior, que rapidamente deriva em fadiga cerebral, já que, afinal, toda dispersão não passa de uma grande perda de energias, como acontece na desintegração do átomo.

Essa fadiga cerebral transforma-se imediatamente em fadiga mental. E fadiga mental não é outra coisa senão debilidade mental ou, o que é o mesmo, incapacidade de ser dono de si mesmo, de dirigir o curso da própria atividade interior. A pessoa sente-se impotente para segurar e controlar as rédeas de suas lembranças, imagens e emoções. É a impotência.

Quando a pessoa se sente mentalmente fraca, os pensamentos e lembranças, em geral desagradáveis e sem razão de ser, instalam-se nela, apoderando-se com facilidade de sua mente e ocupando todo o seu território. E, como o inimigo – a obsessão – é mais forte do que o dono da casa – a mente –, esta acaba sendo derrotada.

Vendo-se dominado e incapaz de enfrentar o inimigo, o homem é presa fácil da angústia-ansiedade que, por sua vez, produz fadiga e debilidade mentais cada vez maiores. Quanto maior for a debilidade mental, maior será a força das obsessões para tomar conta do homem sem contrapeso, com a sequela de uma angústia cada vez mais intensa.

Esse é o círculo vicioso, mortífero e fatal, que mantém tantas pessoas presas durante tanto tempo a agonias insuportáveis.

* * *

Que se pode fazer? Deixando de lado os casos clínicos, é preciso começar admitindo que certos remédios, como os sedativos, podem ajudar em situações de emergência, mas lembrando que são apenas lenitivos e não atacam a raiz do mal.

Quaisquer outras "soluções", como as drogas, o álcool ou outras formas de evasão, são puros enganos, têm efeitos transitórios e geralmente se revelam contraproducentes: tapam os olhos para não ver o inimigo, para esquecer que o inimigo está dentro de casa. Mas ao despertar (quando passa o efeito desses "remédios"), vão ver que o inimigo continua lá dentro, e mais forte do que nunca. Não há como escapar de si mesmo.

Para mim, os remédios são de três tipos e estão ao alcance de todos; mas é preciso levar em conta que não se trata de receitas de efeito automático, como os remédios. Não. Exigem um paciente treinamento, produzem uma melhora lenta, às vezes com muitos altos e baixos. Mas é uma melhora real, que garante um fortalecimento da mente.

Essa é a palavra-chave: fortalecimento. Porque é disso que se trata: de fortalecer a mente, para que possa impor-se à obsessão, ser mais forte do que ela, cercá-la e afastá-la das próprias fronteiras.

* * *

O primeiro remédio consiste, mais uma vez, em *não resistir* à obsessão. Não nos devemos esquecer de que resistir é apertar-se contra alguma coisa e que todo aperto já é angústia.

A obsessão, *se fosse deixada*, também deixaria de apertar, e com isso esvaziar-se-ia a angústia e a obsessão se enfraqueceria e morreria.

É preciso ter em conta um fenômeno que se produz no processo obsessivo e que foi ressaltada na descrição e análise das páginas precedentes, a saber: o *que se reprime e se procura evitar contra-ataca e domina.* A repressão aumenta o poder da obsessão. Se ela fosse *deixada* iria perdendo força e virulência.

Assim, *deixar* consiste em *aceitar que aconteça* aquilo que se teme. Aceitar que você não vai poder dormir; aceitar que você não vai saber comportar-se bem com aquela pessoa e naquela situação; aceitar que estes ou aqueles não gostem de você; aceitar não ter acertado naquele projeto; aceitar que tenham falado mal de você, etc.

Você vai ver como há de recuperar o sono, como vão deixá-lo sossegado tantas coisas que antes o angustiavam e como desaparecerão tantas obsessões.

* * *

Em segundo lugar, você precisa ir adquirindo aquele poder mental a que nos referimos acima e que vamos ampliar no capítulo III: a capacidade de desligar, de interromper a atividade mental à vontade, a possibilidade de desviar o grau do curso do pensamento e das emoções, a sublime aptidão para fazer um vazio total ou suprimir momentaneamente a atividade de pensar, parando o motor da mente e sua produção de ideias...

Dessa maneira, poupa-se um rio de energia cerebral. Por causa dessa economia, o cérebro não precisa trabalhar tanto, a mente descansa e se fortalece.

É assim que se consegue alcançar o pleno poder mental, isto é, a possibilidade de ser eu o único árbitro de meu próprio mundo. Isso é liberdade interior e, em grande parte, a felicidade.

Naturalmente, para aplicar esse remédio é preciso um trabalho prévio de treinamento por meio dos exercícios que vamos dar. Mas vale a pena submeter-se a uma prática constante. Para muitas pessoas pode ser esse o único caminho para a tão desejada tranquilidade mental.

* * *

Finalmente, para livrar-se de obsessões, pelo menos em muitos casos, será preciso fazer exercícios de concentração, relaxamento e silêncio interior. E também dedicar-se a meditar sobre a relatividade dos fatos e das coisas; a reavaliar e objetivar tudo que a pessoa estava distorcendo e sobredimensionando em sua mente, reduzindo-o às justas dimensões e colocando-o no devido lugar. O leitor vai encontrar todo esse material neste livro.

Em alguns casos, as obsessões desaparecerão totalmente e, talvez, para sempre. Mas isso não vai acontecer com aqueles que, por constituição genética, são portadores de tendências obsessivas. Esses precisarão ficar em eterna vigília, porque no momento em que entrar novamente em ação um estímulo exterior, ou simplesmente forem dominados pela fadiga ou a dispersão, podem entrar de novo em crise.

Em resumo, a "salvação" não vai chegar como um presente de Natal. Você vai ter que salvar a si mesmo.

6 Impotências e limitações

Este é o mistério do homem: infinito em sonhos e tão pouca coisa em possibilidades.

Como as rachaduras abertas no flanco das montanhas, assim são as fronteiras marcadas nas raízes do homem: deseja muito e pode pouco; mira alto e acerta embaixo; faz o que não gosta e não pode fazer o que gosta; tenta ser humilde e não consegue; quer agradar a todos e não consegue; estabelece metas concretas e, quase sempre, fica na metade do caminho.

Luta para ultrapassar as próprias fronteiras, para mitigar os traços negativos de sua personalidade, mas certos condicionamentos, que procedem das profundidades mais recônditas de seu ser, atravessam seu caminho. Quantas vezes luta para extirpar seus rancores, vencer suas invejas, acalmar suas tensões e proceder sempre com paciência e bondade... mas não sabe que demônios interiores interceptam seus esforços e o deixam de mãos amarradas.

Originalmente, o homem é contingência, precariedade, limitação e impotência. Esse é o manancial mais profundo do sofrimento do homem: seus próprios limites.

* * *

Desde sua primeira infância, o ser humano se envolve no *complexo de onipotência*: a criança vive a impressão de que o mundo inteiro gira em torno dela e, respirando vapores narcisistas, mitifica tudo que a rodeia: seus pais têm beleza e poder, seu lar é o mais importante da vizinhança e, no meio de tantas maravilhas, é claro que ela é a pérola preciosa.

Quando sobe ao balcão da vida, a criança começa a despertar do sono fantástico e descobre que seus pais não são tão maravilhosos como havia imaginado, nem sua família tão importante, e que ela também não é o eixo do mundo.

É um despertar amargo, certamente; mas também *é* o primeiro passo para a "salvação".

O grande desatino, o erro fundamental do homem, consiste em querer ficar fechado, como em um morno seio materno, no limbo de seus sonhos e ficções. Sem perceber, pode dedicar-se a dar à luz ilusões de onipotência e narcisismo fazendo em sonhos o mundo e sua cena girar em torno ao seu eixo. São muitos os que vivem assim.

Mas, como a vida não é um sonho, a dura realidade vai obrigá-lo a despertar a cada instante. É assim que sua existência pode transformar-se em uma série ininterrupta de sobressaltos.

O primeiro capítulo da sabedoria aconselha o homem a olhar com os olhos bem abertos a fria objetividade, permanecer sereno e sem pestanejar diante das asperezas da realidade, aceitando-a como é: que somos essencialmente desvalidos; que é muito pouco o que podemos; que nascemos para morrer; que nossa companhia é a solidão; que a liberdade está mortalmente ferida; que é muito pouco o que podemos mudar; que, com grandes esforços, vamos obter magros resultados...

Mas, em lugar de olhar friamente *a coisa* e aceitá-la serenamente, o homem também pode sentir-se tentado a afastar a vista e esconder a cabeça embaixo da asa, como o avestruz; a cobrir-se com rostos falsos e enfeites alheios, ou simplesmente buscar vias laterais e saídas evasivas. Vã ilusão! Mais cedo ou mais tarde, as falsas seguranças vão ser carregadas pelo vento, as maquiagens vão se desfazer e o homem vai ficar outra vez despido e desvalido diante da realidade fria e hostil. É inútil: não há retirada. É preciso começar a enfrentar *a coisa* e aceitá-la sem se perturbar.

* * *

O instinto primário do coração humano é agradar a todos. Consegue? Muito raramente.

Todos os homens desejam e se esforçam para triunfar nos negócios, para serem felizes no casamento e em sua vida familiar... Fazem verdadeiras proezas para realizar esses ideais. Mas os anos passam e... quantos são os que podem cantar vitória? Muito poucos.

Para numerosas pessoas, a vida, em si mesma, não passa de uma decepção. São muito poucos os que respondem que percorreriam o mesmo caminho se pudessem começar de novo. Muitos conseguiram êxitos parciais em objetivos secundários, mas sentem que não acertaram no fundamental, ainda que se esforcem para esconder a si mesmos essa decepção ou para equilibrar a balança com pequenas compensações e diversas evasões.

Desse jeito, as desilusões derivam das desilusões, e as decepções, das fantasias. A gente começa encarapitando-se no telhado das ficções e a queda só pode ser mortal. Começa iludindo-se, fechando os olhos para a realidade, acariciando fantasias desmedidas, e o despertar só pode ser amargo, enorme a frustração. É por isso que encontramos tanta gente decepcionada em cada esquina.

A vida do homem sábio deverá ser uma eterna *páscoa*, ou um constante passar dos sonhos para a realidade, das fantasias para a objetividade. O sábio *sabe* que não se pode ser completamente feliz, completamente perfeito; que na vida têm que se alternar os triunfos e os fracassos, as alegrias e as penas. Por isso, o homem sábio não se assusta diante das emergências imprevisíveis. E apenas sofre.

6.1 Constituição genética e personalidade

Entremos, então, na terra da objetividade. Precisamos declarar guerra aos sonhos, depenar as ilusões, agarrar com as duas mãos a pedra dura e fria da realidade e marchar para o reino da sabedoria.

Neste capítulo, estamos procurando descobrir as raízes do sofrimento. Nosso intento é eliminá-lo ou, pelo menos, mitigá-lo. Para começar, vamos procurar a linha divisória entre o possível e o impossível. O possível, para enfrentá-lo e superá-lo. O impossível, para deixá-lo para trás.

A personalidade é produto de dois fatores: herança e ambiente. Comecemos com a primeira.

Fazendo uma imersão no mistério radical do homem e de sua liberdade, desçamos nas águas profundas até tocar o fundo do mistério: *a composição bioquímica da célula*; analisaremos as últimas moléculas chamadas *genes*, onde está *escrita* em caracteres gerais a minha própria história.

* * *

Na segunda metade do século XX foram feitas descobertas transcendentais nos diversos campos da ciência. Mas há um avanço que supera os outros, e é o da biologia molecular, ou, mais concretamente, o descobrimento do *código genético*, que, com o tempo, vai superar em transcendência a energia nuclear. Efetivamente, a ciência do futuro é a biologia molecular, e a ascensão do homem seguirá os rumos que forem marcados pela engenharia e a indústria genéticas.

Há mais de um século, experimentos feitos com ervilhas por Gregor Mendel levaram-no a estabelecer uma primeira regra genética pela qual atribui a ambos os genitores igual participação na determinação dos traços hereditários. Os fatores hereditários foram batizados, no começo deste século, com o nome de *genes*.

No fim do século passado, os cientistas observaram no microscópio que uma célula, para poder dividir-se (reproduzir-se), começava a soltar de um lado e do outro uns corpúsculos como filamentos, que mais tarde receberiam o nome de *cromossomos*.

Por outro lado, na mesma época conseguiram isolar do núcleo na célula um elemento que se chamou *nucleína*. Dessa nucleína os bioquímicos conseguiram separar o ácido nucleico, um açúcar de cinco carvões, comprovando que esse açúcar tinha um oxigênio menos que a *ribose*, e por isso teve o nome de *desoxirribose*. E assim nos encontramos diante do ácido *desoxirribonucleico*, o famoso ADN, que vem a ser o portador do código genético.

Um *gene* é um fragmento de ADN com "informação", isto é, com um *manual de instruções* para programar um organismo. Cada indivíduo tem uma peculiar organização proteico-enzimática que, em forma de fio cifrado ou cérebro eletrônico, aninha-se no interior do *gene*. E essa organização vem a ser a base da constituição e desenvolvimento das substâncias celulares e glandulares, tecidos e órgãos e, através de tudo isso, a base das tendências e traços fundamentais do indivíduo e, por isso, de seu comportamento.

Em resumo, cada um dos *genes* está, como se acredita, em uma ordem estável e constante ao longo de cada cromossomo, desencadeando processos enzimáticos que conduzem à aparição dos caracteres hereditários.

No núcleo de cada célula há quarenta e seis cromossomos; e não se sabe o número exato de genes que há em cada cromossomo; calcula-se que podem variar de dez a cem mil.

* * *

O óvulo feminino, de um oitavo de milímetro, é a maior célula do organismo, enquanto o espermatozoide – elemento masculino – é oitenta e oito mil vezes menor que o óvulo, isto é, exatamente a célula menor do organismo. Com tudo isso, ambos os elementos contribuem *por igual* para a informação genética, contribuindo cada um com sua própria mensagem.

Em outras palavras: organizam entre si um *plano geral*, ao qual corresponderão os traços fundamentais do futuro indivíduo. Trata-se, portanto, de um processo geneticamente codificado, o código genético.

Ambas as células (óvulo e espermatozoide) têm funções diferentes. A função única do espermatozoide é chegar ao óvulo e entregar seu *programa* para a organização do novo indivíduo, enquanto o óvulo contribui com os elementos nutritivos, como matéria-prima, para produzir novas células para o futuro organismo.

O espermatozoide que chega *primeiro* ao óvulo com a sua mensagem é logo aceito, enquanto que os outros (que são milhões) são rejeitados. De passagem façamos referência a um pavoroso mistério: se cada um dos milhões de espermatozoides tem um *programa* original, no mesmo ato em que fui concebido eu poderia ter acontecido – conforme o espermatozoide que chegasse primeiro – de milhões de formas diferentes, da mesma maneira que os irmãos são, às vezes, diferentes entre si, apesar de terem os mesmos códigos paternos.

Os *genes*, tanto individualmente como através das combinações moleculares produzidas pela mútua interação, decidirão o caráter geral do futuro indivíduo. Mas esse *programa*, elaborado em combinação entre o espermatozoide e o óvulo, pode ser alterado, e, de fato, sempre é, por fatores externos, como as radiações solares ou outros "acidentes" em escala molecular, que podem mudar um ou vários elementos do código genético.

Desse jeito, o programa original genético pode ter variantes, e essas variantes podem vir a ser fatores *preponderantes*, isto é, podem exercer uma função primordial na organização do futuro indivíduo. Mais uma vez salta aos nossos olhos o insondável mistério: no mesmo momento em que eu fui concebido, eu poderia ter tido – por causa das combinações internas e das influências externas – milhões de personalidades diferentes da que eu tenho.

* * *

A diversidade de formas, cor e comportamento dos indivíduos é, portanto, o resultado dos múltiplos acoplamentos dos *genes*.

Então, os diversos processos de segmentação e cruzamento de cromossomos, da mesma forma que as mutações e influências exteriores para a programação dos *genes*, mantêm inimaginavelmente alto o número de combinações possíveis. Daí provêm os quase infinitos matizes humanos nas tendências, atitudes, reações, impulsos das pessoas e, numa palavra, aí reside o mistério único e irrepetível de cada personalidade.

Numerosos estudos assinalam a relação de um *gene* com fases e aspectos do comportamento sexual, por exemplo, nos animais inferiores e superiores. Foi demonstrado que determinados genes, conforme suas combinações, originam e explicam em grande parte os numerosos matizes do modo de ser e do comportamento de uma pessoa: a criatividade, a afetividade, a intrepidez, a inibição, a cor da pele, dos olhos ou do cabelo, a altura ou a obesidade, a reatividade emotiva, a atividade locomotora, a capacidade intelectual, dificuldades ou facilidades de adaptação; os impulsos sexuais, as tendências depressivas, a capacidade de luta, as reações primárias e secundárias...

Nas anomalias também é considerável o peso da herança. Sabe-se, por exemplo, que as alterações do metabolismo da fenilanina deterioram o tecido nervoso e fazem baixar dramaticamente a capacidade intelectual. Outros transtornos, como a paralisia, desarranjos neuróticos ou a demência progressiva estão relacionados com certos *genes* dominantes. Está demonstrado que as mulheres que carecem do cromossomo X têm transtornos no desenvolvimento sexual e notáveis deficiências na inteligência perceptiva e espacial.

Os experimentos que continuam a ser realizados em numerosos laboratórios do mundo estão confirmando que os principais traços da personalidade, como a inteligência, as aptidões, a emotividade, a extroversão e, talvez, as grandes psicoses, estão ligados a uma combinação de *genes.*

O organismo é composto por diversos líquidos, ossos, pele, tecido muscular e nervoso. Há uma interação profunda entre os processos fisiológicos e os processos de personalidade.

Não se sabe a fórmula exata, mas existe uma evidente e profunda interdependência entre as funções cérebro-glandulares e a conduta humana. Se se lesiona determinada zona cerebral, há uma repercussão imediata em certos aspectos do comportamento.

Um funcionamento deficiente do hipotálamo, da hipófise ou das glândulas suprarrenais pode explicar os desvios ou excessos de um determinado indivíduo na conduta sexual.

A impulsividade e a afetividade estão determinadas, frequentemente, pelo equilíbrio endócrino.

* * *

Também o ambiente, como é óbvio, contribui para a formação da personalidade.

Poderíamos dizer que a personalidade é a herança mais o ambiente, mutuamente relacionados e profundamente entrelaçados.

Pois bem, em que medida ou proporção influem um elemento e o outro? Quanto é devido à determinação genética e quanto ao ambiente? Estamos em condição de afirmar que, *grosso modo*, a estrutura cerebral e glandular contribuem para o temperamento, e o ambiente, os hábitos, a mentalidade... Mas não é possível uma quantificação nem dá para estabelecer leis de proporcionalidade.

A inteligência, fator importante da personalidade, está relacionada com o sistema nervoso central e com o sistema neuroglandular; e os dois sistemas, por outro lado, influem decisivamente no temperamento, que constitui a base da personalidade.

Em cada personalidade existem amplas variações nas células cerebrais, tanto em número como em metabolismo, conexão e disposição geral. De acordo com essas combinações, completamente desconhecidas para a ciência até hoje, pode acontecer uma grande variedade no que se refere a condições intelectuais: uma pessoa é dona de uma poderosa inteligência lógica, mas tem má memória; e com sua inteligência lógica é um luminar nas ciências exatas e uma nulidade para a filosofia.

Há alguns que têm uma excelente memória para os números, mas muito fraca para nomes e nenhuma para lembrar lugares.

A criança que foi uma nulidade na escola hoje faz prodígios em uma oficina mecânica; e o prêmio Nobel em astrofísica é incapaz de mudar uma roda de automóvel.

Pessoas que até os quinze anos estavam nos últimos lugares da classe despertam tardiamente, e acabam brilhando como astros na universidade.

Há alguns que se mantiveram sempre nos primeiros lugares ao longo de sua carreira e depois se demonstraram medíocres na vida profissional; enquanto outros que foram uma mediocridade na escola brilharam com luzes próprias na vida.

Um organista que pode interpretar brilhantemente qualquer partitura é incapaz de improvisar cinco compassos em seguida.

Evidentemente, contribuem para esses efeitos os fatores ambientais, como a nutrição e os estímulos exteriores. Um adolescente humilhado por seus companheiros na escola pode empreender dois caminhos opostos: complexar-se, inibir-se e ficar amargurado; ou, ao contrário, reagir e tirar de seu interior humilhado todas as energias para transpor os próprios limites e triunfar em toda a linha.

* * *

O que acontece no nível intelectual acontece também com os traços emocionais e temperamentais.

Há aspectos de personalidade que estão mais sujeitos à influência do ambiente e outros mais sujeitos à constituição genética.

A *facilidade* é um sintoma de tendência hereditária. É mais fácil adquirir certos hábitos por causa da existência de predisposições congênitas. Aprende-se com muito maior facilidade a matemática do que a história quando se tem disposição genética nesse sentido.

Se uma pessoa se adapta ao meio ambiente mais rapidamente que outra, se se demonstra afetuosa, se se comporta com equilíbrio diante dos conflitos, se é mão aberta... quer dizer que existiam nela essas tendências congênitas.

Em termos gerais, poderíamos estabelecer as seguintes regras orientadoras: as disposições básicas herdam-se; o ambiente determina que disposições vão ser desenvolvidas e em que medida; as disposições básicas podem ser modificadas pelo ambiente; a quantia do influxo do ambiente depende do grau ou intensidade dos traços.

Um indivíduo pode ser reservado ou retraído por temperamento; mas, em outros casos, o retraimento pode ser efeito de sofrimento na própria vida.

* * *

Uma família com idênticos progenitores e um mesmo ambiente gera personalidades tão diferentes que, muitas vezes, os irmãos não se parecem nada uns com os outros em nenhum sentido.

Em geral, dentro de cada grupo familiar há elementos comuns: fisicamente, todos os irmãos são parecidos; há muita semelhança quanto à inteligência e tempos de reação (primários, secundários); a semelhança vai diminuindo no que se refere a estruturas temperamentais, sensibilidade, estados de ânimo e propensão neurótica. Finalmente, as semelhanças se diluem quase por completo no que diz respeito a opiniões, escala de valores, crenças religiosas, áreas de interesse. Apesar de todas as convergências, sempre topamos com o mistério inédito e absoluto de cada pessoa.

Em qualquer grupo humano, entre cem pessoas encontraremos dez que são canhotas. Desde os primeiros anos, o canhoto recebe uma forte pressão do ambiente social que o rodeia para usar a mão direita. Mas não pode fazê-lo; o que quer dizer que ele dispõe de uma estrutura cerebral que o impele a utilizar a mão esquerda.

De maneira análoga, o ambiente cultural pressiona o cidadão para não atentar contra a sua vida ou a dos outros, a moderar os impulsos sexuais ou as inclinações alcoólicas, a respeitar a propriedade privada, etc. E ele não é ameaçado só pela pressão social, mas também por leis penais. Pois bem, se apesar de tudo há pessoas que cometem infrações nesses campos, quer dizer que seu comportamento delituoso corresponde a uma forte inclinação congênita e que sua liberdade está limitada nesse âmbito.

Até que ponto, por exemplo, um cleptomaníaco é livre para não roubar?

6.2 Podemos muito pouco

No alto do cume sinuoso do que dissemos, o homem põe-se em pé, levanta a cabeça, abre os olhos e descobre que quase tudo está consumado; que podemos muito pouco, que nossas zonas de opção são pequenas, que se a liberdade existe e funciona, também está condicionada em amplas zonas de nossa personalidade, e em algumas circunstâncias é quase anulada; e que, enfim, somos essencialmente precariedade e impotência.

A sabedoria consiste em aceitar em paz o fato de que podemos muito pouco e em movimentar toda a nossa capacidade de entusiasmo para fazer esse pouco render o máximo.

Quando falamos do genético vimos que nossa personalidade é capaz de se expandir em algumas direções, que altas muralhas barram-lhe a passagem em outras, e que, com grandes esforços, pode conseguir alguns resultados em determinados campos.

Conheci numerosas pessoas mergulhadas no abismo da frustração. Ainda na juventude começaram a sonhar com os mais altos ideais: felicidade conjugal, santidade, êxito profissional, política... Os anos se passaram. Durante muito tempo conseguiram conservar no alto a tocha da ilusão. Depois, pouco a pouco, foram sentindo e comprovando a distância que existia entre seus sonhos e a realidade. Viram o vento levar suas ilusões uma por uma... Hoje, com cinquenta ou sessenta anos, estão decepcionadas, céticas. Já não creem em nada. Seu ideal se transformou na sua sepultura. Porque não era um ideal, mas uma ilusão. O ideal é a ilusão mais a realidade.

* * *

Podemos muito pouco. Esta insistência em nosso desvalimento não é para desanimar ninguém, pelo contrário. O desânimo provém do fato de colocar a meta em cumes muito elevados. Quando vemos que são inacessíveis, deixamo-nos invadir pelo desânimo.

Mas nós dizemos: é verdade que podemos pouco, e aceitamos de antemão essa impotência: mas para conseguir esse pouco vamos empenhar todas as nossas energias. Não vai haver desengano nem desilusão porque não há engano nem ilusão. Esse é o segredo da sabedoria: pôr toda a paixão, mas a partir da realidade.

Suponhamos que o ideal mais alto foi colocado em alcançar cem pontos. Temos que aspirar atingir esses cem pontos, lutar ardentemente para alcançar esse cume. Mas o homem deve saber e aceitar de antemão que o mais provável é que ele só vai conseguir setenta e cinco pontos, ou quarenta e sete, ou vinte e cinco ou talvez só cinco. Deve aceitar em paz essas eventualidades, já que, de outra maneira, o despertar poderia ser muito amargo.

Essa é a maneira concreta de fazer secar o manancial inesgotável do sofrimento: saber e aceitar serenamente que sua inteligência é mais limitada do que os seus desejos de triunfar, que suas possibilidades de perfeição humana são relativas, que sua felicidade conjugal ou seu êxito profissional podem falhar, que nem sempre você será bem aceito na sociedade, que seus projetos não vão ser concretizados, que não lhe faltarão inimigos, e nem sempre por sua culpa, que sua influência será limitada no seu meio ambiente.

Aceite de antemão tudo isso, e suas energias não se queimarão inutilmente, mas estarão disponíveis para a luta da vida e você vai acabar saboreando a tranquilidade da mente e a paz do coração.

* * *

As pessoas não mudam, não podem mudar. Na melhor das hipóteses, podem melhorar. Como vimos mais acima, toda pessoa arrasta, gravados e enterrados em seus alicerces primordiais, os traços indeléveis de sua personalidade. Nasceu sensível? Morrerá sensível; mas, melhorado, esperamos. Nasceu rancoroso? Aos cinco anos já manifestava sintomas dessa inclinação para o rancor, e também aos cinquenta, e aos oitenta. Vai morrer rancoroso, mas melhorado, esperamos. Nasceu tímido, sensual, impaciente, primário... Os códigos genéticos vão acompanhá-lo teimosamente até a sepultura. Por que assustar-se? As coisas são assim. Deixe que as coisas sejam como são e, dentro das suas possibilidades, trave o grande combate da libertação.

As pessoas sofrem porque anseiam ser de outro jeito e se desesperam quando veem que não vão poder consegui-lo.

Conheço numerosas pessoas que fizeram e continuam a fazer esforços persistentes para não ser como são, para limar as arestas de sua personalidade, e o que conseguem mudar é muito pouco ou quase nada. E sempre com o risco de cair em uma fossa feita de desalento, tristeza e frustração. Esse é um dos piores sofrimentos humanos de que temos que nos libertar.

Sob o efeito de um intenso fervor religioso, por exemplo, suavizaram os defeitos. Até tiveram a sensação de ter-se livrado definitivamente deles, de ter mudado. Anos depois, quando decaiu o fervor religioso, tiveram a dor de ver os defeitos reaparecerem: não tinham mudado.

Vi gente demais queimada pelos complexos de culpa por não poderem manter-se dentro do quadro de valores e virtudes que receberam em sua juventude. E se transformaram em inimigos de si mesmos: castigam-se, assanham-se contra si mesmos, envergonham-se, ferem-se. Secretamente, trata-se de um instinto de vingança, porque se irritam ao se sentirem tão pouca coisa. Numa palavra, humilham-se, e a humilhação não é senão um orgulho camuflado: não aceitam suas próprias limitações.

No fim, trata-se do complexo de onipotência, pobre boneco de trapo, destripado e jogado a um canto.

* * *

Pois bem. Chega de sofrer!

É hora de despertar, de enterrar o machado da ira, de sacudir as escamas ásperas e olhar para você mesmo com benevolência e ternura, até converter-se em um grande amigo de si mesmo.

Ao longo de sua vida você foi apertando sua própria figura no cinturão da hostilidade e sua cabeça em uma coroa de espinhos. Chega de martírio!

Como a mãe que tem os melhores cuidados justamente com o filho mais desvalido, você deverá amar essa frágil vasilha que é a sua pessoa, precisamente porque é quebradiça e, no que tem de quebradiça, a envolverá num abraço de piedade e de ternura. Você pode achar que isso é autocompaixão, mas não é, muito pelo contrário.

As estrelas giram eternamente lá em cima, frias e silenciosas; os penhascos permanecem imóveis na borda do oceano, com as raízes mergulhadas na areia; o inverno *é* frio, e o verão, ardente. As *coisas* são como são, e você é como é: gostaria de ser alegre, e não é. Gostaria de brilhar, e não pode. Gostaria de agradar a todos, e não consegue. Gostaria de ter a inteligência deste, a beleza daquele, o encanto do outro. Gostaria de ter nascido de outro jeito. Sonhos loucos! Chamas de fogo! É inútil. Para que lastimar-se? Acorde!

Jogue os sonhos no lixo, apague as chamas e pegue serena e sabiamente a realidade fria em suas mãos: você é como é. De todas as maneiras, apesar das suas reticências e repugnâncias, você é uma maravilha. Transforme seus sofrimentos em braços de compreensão para você mesmo e suas entranhas em um regaço acolhedor. Aceite você mesmo, não como gostaria de ser, mas como é na realidade.

Você gostaria de ter o dom do relacionamento, mas é retraído... Gostaria de alcançar uma estrela com a mão, mas é baixinho... Gostaria de ser dono de seu próprio mundo, mas uma porção de instintos sensuais e tendências negativas o traem. Não se irrite nem fique deprimido. Não se entristeça por nada. Não se envergonhe de nada. Uma estátua de barro? Não, você é aurora e sino, arquitetura que, para ser catedral, só precisa da sua própria compreensão e acolhida, de sua benevolência e carinho.

Seja feliz, porque há uma legião que espera participar de sua luz, contagiar-se com a sua alegria.

A gente só vive uma vez. Ninguém volta atrás. Você não pode se dar ao luxo de perder essa bela oportunidade. Não pode permitir que essa papoula vermelha se despetale inutilmente. Encha a "casa" de harmonia, e o mundo vai ficar cheio de harmonia.

Lembre sempre que a existência é uma festa, e viver é um privilégio. Há uma planta que você tem que cultivar diariamente com especial cuidado e carinho: a alegria. Quando essa planta inundar sua casa com a sua fragrância, todos os seus irmãos, e até os peixes do rio, vão saltar de alegria.

7 A angústia

O homem medieval vivia apoiado em um determinado sistema de seguranças. Esse sistema estava, por sua vez, constituído sobre uma visão do homem e de seu destino e, em geral, por uma cosmovisão concreta, tudo baseado na fé cristã.

A partir do Renascimento, o esquema de ideias foi se desmoronando lentamente e, por isso, também as escalas de valores e o sistema de seguranças. Enquanto se consumava essa derrubada, o espectro da angústia foi, paralela e simultaneamente, povoando as entranhas da humanidade.

Será que em épocas anteriores não existia essa angústia? Provavelmente não nas proporções dos tempos modernos, mas existia, ainda que mitigada (sublimada?) e absorvida pelas convicções e pelas certezas da fé.

É verdade que o homem se libertou das amarras da religião; mas, quando se esfumou o sistema de seguranças, ele se viu depenado e indigente diante de um abismo absurdo, da náusea do nada; numa palavra, da angústia. De que adiantou essa libertação.

Podemos afirmar que o subproduto mais característico da Modernidade é a angústia. Se subirmos aos horizontes da filosofia, do teatro, da poesia, do cinema, da literatura em geral, descobriremos uma estranha identificação entre o homem (moderno) e a angústia.

7.1 Angústia e ansiedade

A angústia é frequentemente confundida com outros sentimentos similares, como opressão, aflição, tédio... Inclusive, embora clinicamente sejam perturbações estritamente diferenciadas, não é raro que angústia e depressão se misturem e se impliquem. E é claro que a obsessão e a angústia se comportam como mãe e filha.

Convém sublinhar a diferença que existe entre inquietude, ansiedade e angústia. Na inquietude predomina a sensação física, sem que, não obstante, haja sufoco ou opressão. Além disso a inquietude é apenas uma sensação, sem chegar a ser um sentimento; por isso não chega a alterar o sistema afetivo.

Entretanto, o que importa, no terreno das distinções, é diferenciar nitidamente a ansiedade da angústia.

* * *

Na angústia, a sensação de opressão repercute especialmente na região epigástrica, com dificuldades de respiração, e tudo envolvido em um halo de tristeza. Na ansiedade, porém, o mal-estar circunscreve-se ao plano toráxico.

Isto é, na angústia há uma reação física que se exterioriza como uma sensação de aperto, sufoco e encolhimento. É uma sensação profunda que afeta diretamente a zona visceral, mas também se localiza no plexo solar, na zona precordial e na garganta, e sempre com caráter de opressão e aperto. A ansiedade, porém, é uma perturbação mais de tipo psíquico, que dá uma impressão de insegurança e é mais de caráter cerebral que somático.

A angústia, portanto, tem um efeito mais surpreendente e paralisante. Na ansiedade, no entanto, há um efeito de sobressalto, com tendência para a fuga.

Diante de um perigo exterior, por exemplo, no caso da angústia, o espanto se apodera da zona profunda das vísceras, e quem o experimenta fica encurralado, preso e inerte. Mas, quando se trata de ansiedade, o sobressalto empurra a pessoa para buscar uma solução.

Em resumo, a angústia é mais profunda, somática e visceral. A ansiedade é mais cerebral e psíquica.

Na maioria dos casos coexistem simultaneamente a angústia e a ansiedade, e num amálgama tão confuso que é difícil distinguir as fronteiras divisórias entre uma e outra ou qual delas prevalece. Mas, também é frequente a ansiedade sem angústia, e vice-versa.

Resumindo, podemos dizer que a angústia e a ansiedade são matizes diferentes de uma mesma experiência. Por isso, em outras línguas, como em inglês, por exemplo, existe uma só palavra para designar as duas: *anxiety*.

Também é fácil confundir a angústia com o medo, e é claro que não deixa de haver em toda angústia uma dose de medo. Embora, teoricamente, o medo tenha seu próprio objeto, e a angústia não, no plano existencial existem transições entre ambos. Muito mais aparentado com a angústia é o *temor*, por ser um sentimento diante do desconhecido.

Como se vê, os estados de ânimo se entrecruzam, e há transições frequentes entre a angústia, o medo, a ansiedade, o temor, a obsessão e a tristeza.

7.2 Angústia vital

Comecemos dizendo que a angústia pode ser, como a depressão, *reativa*: um sentimento ligado a circunstâncias exteriores. E, de fato, grande parte da angústia é, como veremos, reativa.

Mas há pessoas que moram na região da angústia sem ter tido estímulos ameaçadores nem causas indutoras. É a *angústia* vital: nasceram assim; estão angustiados habitualmente e sem motivo nenhum.

Existe, portanto, uma *personalidade ansiosa*, geneticamente angustiosa: seu estado de ânimo é permanentemente tenso e nervoso. Vive em brasas, numa atmosfera interior feita de temor, incerteza e preocupação.

Essa personalidade angustiosa coincide geralmente com tipos apreensivos, complexados, tímidos e obsessivos.

Sentem-se perseguidos por dentro e por fora. Moram em um mundo de fantasmas. Em suas salas interiores reina um caos primordial, efeito da desintegração interior ou falta de unidade e controle. Por isso dizem os existencialistas que o angustiado *sente a ameaça da dissolução da unidade do eu.*

Preocupam-se com tudo. Vivem os problemas dos outros familiares, amigos, como se fossem próprios. Mas, em vez de buscar solucioná-los, complicam-se cada vez mais, eles e os outros, porque sofrem inutilmente.

Têm medo de tudo. Vivem de apreensões e suposições e, principalmente, de interrogações. Que é que vai acontecer? Será que já sabem? Por que não me chamaram? Está demorando muito, será que não houve algum acidente? Também sentem um medo obsessivo da morte, desta ou daquela doença, de determinada desgraça que pode acontecer.

De abismos desconhecidos sobem até o primeiro plano da consciência temores infundados, assaltam-nos o nervosismo, a impaciência, a ansiedade. Não são donos da própria casa. Todos os inimigos a invadiram e fazem o que querem.

Essa é a *angústia vital*, que o sujeito recebe antes do nascimento, nas urdiduras e combinações mais remotas das constelações genéticas.

* * *

Disse Heráclito: "Ninguém toma banho duas vezes no mesmo rio". Também no mundo das vivências há um contínuo fluir, mas debaixo desse fluxo algo permanece inalterável. As sensações vão e vêm, os pensamentos aparecem e desaparecem, os sentimentos crescem e decrescem, mas a pessoa sente-se *uma só* em todos os momentos: no meio do fluente movimento vital ergue-se o eu reitor e coordenador de tudo.

Pois bem, essa unidade do eu, *que é o eu mesmo*, é que se sente ameaçada quando se arrebenta numa aguda crise de angústia. Daí a expressão característica dos que estão profundamente angustiados: "Vou ficar louco".

Quando falam de *loucura* referem-se à dissolução da unidade do eu, porque louco é aquele que perde o controle de seus atos. Uma pessoa normal é aquela que mantém firmes em suas mãos as rédeas de seus próprios atos. Se já não puder segurar as rédeas, vai fazer atos alheios a seu próprio ser. Vai se *alienar*.

7.3 Angústia reativa

Os que sofrem de angústia vital são minoria. Em geral, a angústia é reativa, provocada por circunstâncias exteriores.

Poderíamos defini-la como uma completa interação que se produz entre o indivíduo e seu ambiente.

Em toda angústia reativa há sempre, em primeiro lugar, uma *circunstância exterior*, portadora de um perigo eventual. A víbora entrou em casa, mas não sabemos onde se escondeu. Começa a tremer a terra. Houve uma forte turbulência em um voo de avião. Amanhã decide-se o pleito. Houve um incêndio na casa. Sequestraram o avião em que nossa filha estava viajando...

Em segundo lugar, há uma *tensão*. O agente exterior impacta na pessoa, isto é, o acontecimento exerce sobre a pessoa uma força opressora. Essa pressão deixa uma marca, ferida ou alteração do estado anímico da pessoa, com variados efeitos. Isso é a angústia.

Exemplos. Se levo uma pedrada, a ferida será proporcional ao volume da pedra e à violência com que foi atirada. Amarramos uma pedra de cem quilos com uma corda e a penduramos no teto. A corda fica tensa em proporção ao peso da pedra e, por causa desse peso, há uma tensão tão grande no tecido da corda que ela se estira e pode romper-se.

Da mesma maneira, uma notícia alarmante ou uma terrível ameaça pode exercer tal pressão sobre um indivíduo que ele se quebra, se desintegra, vítima do susto ou do sobressalto: é a angústia reativa.

Se o indivíduo em questão não tiver uma resposta adequada para neutralizar a circunstância ameaçadora, será vítima de uma série de reações psíquicas e alterações psicológicas: ficará tenso, temeroso, presa de nervosismo e intranquilidade diante da incerteza, apreensivo e preocupado. O coração começa a bombear aceleradamente com batidas irregulares, a respiração torna-se rápida e agitada, dilatam-se as pupilas, há grande descarga de adrenalina, a boca se resseca, transtorna-se o processo circulatório, empalidece o rosto... É uma crise de angústia.

* * *

Essa situação tem características muito similares às do pânico, mas não é esse o caso mais frequente. É mais comum suscitaremse estados angustiosos de intensidade mais benigna e duração mais prolongada.

São os casos em que a pessoa é vítima de uma tensão mais surda e latente. O sintoma típico desses casos é o aperto-sufoco que o paciente experimenta particularmente na zona do estômago-intestinos, de profundo tom menor, sem deixar de repercutir também na zona cardíaca e na garganta, com dificuldades respiratórias.

Esse estado é de longa duração e, em alguns casos, tem caráter permanente. A estrutura psíquica dessa pessoa poderia ser comparada à do pugilista que, à força de receber golpes suaves, vai se debilitando imperceptivelmente, até tornar-se presa fácil da angústia vital e, inclusive, de uma crise de depressão.

* * *

Dissemos, portanto, que em toda angústia reativa há um agente exterior e uma reação (tensão). Pois bem, a quantidade dessa tensão depende de uma série de fatores.

Em primeiro lugar, do próprio fenômeno, que pode ser *pouca coisa* ou pode ter uma notável carga de periculosidade. Em segundo lugar, pode depender também da interpretação ou avaliação subjetiva que a pessoa impactada fizer sobre o grau de ameaça ou periculosidade que perceber naquele acontecimento. E essa avaliação subjetiva depende, por sua vez, da sensibilidade do sujeito, de seu estado nervoso ou das recordações do passado que, por via de associação, forem lembrados pelo acontecimento. Por exemplo, uma pessoa que viveu anteriormente a experiência de um terremoto já entra em pânico diante de um minúsculo tremor de terra.

No caminho da vida nunca faltarão tensões, porque os desafios estão sempre à porta. E nem sempre seus efeitos serão perniciosos. Em graus benignos, a tensão pode ser motor de luta e de êxito, condição e causa de progresso, energia saudável e vital. Seu poder de prejudicar depende das condições do sujeito para dar uma resposta adequada.

Diante de uma mesma situação, pode haver reações contrárias: um sujeito contempla-a como uma ameaça, outro como um desafio, um terceiro como uma aventura atraente e até fascinante.

Como se vê, a angústia é uma alteração psicossomática de grande complexidade. Em suma: sempre há um estímulo exterior e uma reação ou resistência por parte do sujeito impactado; a grandeza do impacto depende da valorização do perigo objetivo, de uma certa maneira de ser do sujeito e das recordações associadas.

7.4 As fontes do mal

A angústia pode transformar-se numa situação habitual. Até mais, se os desafios se sucederem, a pessoa afetada pode cair na angústia vital.

E essa é a situação do homem atual. Demasiadas flechas, disparadas ao mesmo tempo de cem ameias, alvejam certeiramente o sistema nervoso do homem, que, mais do que ferido, sente-se afogado.

Há duas leis fatais que são as *mães naturais* da ansiedade: a rapidez e a produtividade. Você vale tanto quanto produz, levando-se em conta que a produtividade não quer dizer sentir-se pleno e realizado, mas dinheiro vivo, palpável. O homem é medido por sua capacidade de rendimento. E ele, por sua vez, avalia a vida pelo rendimento que lhe dá.

Em qualquer profissão se exige o máximo de produtividade, alguma coisa que se possa aproveitar agora mesmo. Existe uma psicose da pressa. Na escala social de valores, um fracasso econômico é pior estigma diante de uma sociedade que, por exemplo, o fracasso matrimonial. Por isso, mais que ter, hoje o que interessa é parecer que se tem.

* * *

Quantos temores e insatisfações no trabalho e na profissão! É dolorosa a competição desleal dos amigos. Cada um busca seu bem pessoal e, nessa escalada de postos, ninguém se importa de passar por cima dos outros. É preciso aguentar também as arbitrariedades de alguns chefes. É uma sociedade fria e hostil.

Triunfar em uma profissão e alcançar uma posição elevada é uma coisa; mais difícil é manter a altura e o prestígio durante anos e anos, ao lado de ambiciosos e invejosos que suspiram por esse lugar ou, simplesmente, quando tudo se gasta e cansa. Para as mulheres, constitui uma fonte de ansiedade, principalmente no começo do casamento, a necessidade de encontrar um equilíbrio entre a profissão e a condição de esposa e mãe.

Na ida de casa para o trabalho, o trânsito está congestionado e é preciso apressar-se para não chegar tarde. De volta para casa, as multidões se atropelam para chegar mais depressa ao metrô ou outros meios de locomoção no meio de ruídos estridentes; e pode ser que chova... A pessoa chega em casa carregada de ira, de nervosismo, de insatisfação.

Na sociedade urbana, as famílias mudam com frequência de domicílio, no meio de tensões, incertezas e problemas de adaptação. Dentro do casamento, no meio dos companheiros de trabalho, na vizinhança, surgem as desinteligências, os interesses e as incompatibilidades. Os filhos, em plena etapa de desenvolvimento, passam de uma crise para outra. Os anos vão passando, os entusiasmos diminuem, começam a aparecer as doenças. A aposentadoria ficou abaixo do que se esperava: é uma sensação de impotência e inutilidade, difícil de explicar. Os velhos são um estorvo em todas as partes desta civilização.

A poluição atmosférica atingiu, na maior parte das cidades, níveis intoleráveis: está difícil respirar, os olhos lacrimejam. A televisão nos atormenta todos os dias com tragédias acontecidas em países longínquos. O desemprego, a pobreza, a desnutrição, as más condições sanitárias e a precariedade das casas constituem um verdadeiro martírio para grandes setores da população. O estrépito das ruas estimula o nervosismo e a agressividade.

Essas são as fontes da angústia.

Como não sucumbir diante do pertinaz assédio de tantos estímulos? Como salvar-nos de tantas feras que nos atacam e ameaçam? Pertencemos a esta civilização, não podemos escapar dela. Mas, que podemos fazer para mitigar a angústia?

7.5 Vias de libertação

Os que sofrem de angústia vital deverão ter em conta diversos pontos: a) não vão sarar radicalmente: já explicamos longamente que a constituição genética acompanha a pessoa até o fim; b) mas podem melhorar consideravelmente, a ponto de terem a sensação de ser verdadeiramente felizes.

Os que sofrerem de angústia reativa – é o caso da maioria – podem livrar-se completamente dela, até chegar a uma completa serenidade interior e gozo de viver.

Uns e outros deverão lembrar de pôr em prática as palavras de ordem já indicadas anteriormente: salvar-se a si mesmo; tudo será um processo lento; haverá retrocessos, mas isso não deve assustar; perseverar pacientemente no trabalho de libertação; adquirir o domínio mental; buscar instrumentos de libertação no capítulo seguinte.

Os sedativos ou tranquilizantes constituem 20% dos remédios, o que é um exagero. Esses *depressores*, se forem tomados por prescrição médica, podem trazer um alívio temporário em situações de emergência, mas o seu uso prolongado e indiscriminado vicia o organismo, exigindo doses cada vez maiores e produzindo completa dependência.

Não é preciso recordar que o álcool e as drogas vão deteriorando paulatinamente o sistema cerebral e seu funcionamento normal. E já se sabe qual o final dessas desordens.

Conversar, fumar, tomar café, etc., não são uma solução, mas uma evasão. É tudo inútil. Não há como escapar. O inimigo está dentro. O problema é como enfrentá-lo com os olhos abertos e vencê-lo.

* * *

Reavaliação. Quando uma pessoa tem que enfrentar uma situação ameaçadora, em geral é incapaz de fazer um juízo correto de avaliação sobre o grau da ameaça, por causa do susto, da sensibilidade ou simplesmente por falta de suficiente perspectiva de análise. Por tudo isso, muitas vezes, sobrestima o perigo da situação e fica angustiada.

Estas são as regras de ouro para mitigar a angústia: parar, pensar que estou exagerando o volume exato da ameaça, recolocar os fatos numa perspectiva mais objetiva, contar a situação angustiosa a uma pessoa amiga e equilibrada, aplicar as orientações do capítulo *Relativizar* e do parágrafo *Despertar*.

Abandono. Para vencer, quase infalivelmente, toda e qualquer angústia, não há antídoto mais poderoso do que a doutrina do *abandono*. Vamos falar sobre ela mais adiante. O que o abandono pressupõe é uma fé viva. Os que a tiverem encontrarão nela a libertação.

Deixar, soltar. Em longas páginas deste mesmo capítulo nós vimos que grande parte do sofrimento é de origem subjetiva e, por conseguinte, a angústia é uma resistência mental. O leitor encontrará nessas páginas orientações de senso comum para mitigar grandes doses de angústia.

Relaxamento. Afinal, a angústia não passa de uma tensão do sistema nervoso. Um sistema nervoso relaxado não sabe o que é angústia. Todos os exercícios de silêncio e relaxamento ajudarão de maneira eficaz a minorar a ansiedade.

8 A depressão

Noite escura, agonia lenta, solidão desolada, infinita falta de vontade, tédio mortal..., a lista não acaba. É a depressão. Chamam-na também de melancolia. Sofri vendo como outras pessoas sofriam. Senti em minha própria carne o aguilhão da incapacidade de poder fazer alguma coisa por elas. Quatro ou cinco pessoas, excelentes criaturas, a quem eu tinha ajudado durante muito tempo, num momento de crise aguda optaram por renunciar à vida. Através dos anos, fui enchendo muitas páginas de observações e notas sobre esse estigma da humanidade contemporânea.

8.1 Da angústia à depressão

A angústia, como sentimento vital ou como tensão provocada por um ambiente hostil, foi tema de atualidade durante muitas décadas. Até mais, desde os dias de Kierkegaard foi parar no pináculo da moda, e foi o tema favorito dos existencialistas, como Heidegger, Sartre, Jaspers, Unamuno...

Mas nas últimas décadas o tema da angústia foi abandonando discretamente o primeiro plano e cedendo lugar para a depressão. E há um consenso de que hoje estamos na era da depressão. Os dois distúrbios são de natureza inteiramente diferente, ainda que, frequentemente, suas fronteiras se entrecruzem.

Na angústia conserva-se uma certa afirmação de si mesmo e permanece um morno rescaldo de esperança. A angústia até guarda em suas dobras energias reativas suficientes para responder adequadamente aos estímulos e desafios exteriores. Na depressão, porém, há um colapso total, no meio da desesperança, do desamparo e da desventura. É a morte, o nada insondável e doloroso, como vamos ver nas páginas seguintes.

* * *

De acordo com as estatísticas, nos países industrializados 25% das pessoas sofrem algum tipo de transtorno depressivo durante sua vida, ainda que em graus e matizes diferentes.

Quanto aos *suicidas*, mais da metade deu esse passo em um momento de crise depressiva, quando os sintomas ordinários de melancolia se somaram à ideia fixa da morte.

A mulher é mais vulnerável e propensa à depressão do que o homem: para cada dois homens, cinco mulheres sofrem esse transtorno. Segundo outras estatísticas, são quatro mulheres para cada homem. Pelo contrário, o enfarte do miocárdio atinge uma mulher para cada quatro homens.

Entre os homens, os profissionais são os mais propensos a distúrbios depressivos, por serem tenazmente pressionados pelos desafios de uma sociedade terrivelmente competitiva. Não é difícil encontrar profissionais mal-humorados, esgotados, à beira da depressão ou já dentro dela.

O *estado civil* é um fator modulador no que se refere às crises depressivas. A porcentagem mais elevada de depressão está entre as mulheres divorciadas ou separadas. É curioso que, em contrapartida, não haja essa porcentagem maior entre os homens divorciados ou separados. Como já dissemos, o nível depressivo é consideravelmente mais alto entre as mulheres do que entre os homens, sem dúvida, como veremos, por fatores endócrinos e bioquímicos.

Os viúvos e viúvas, de acordo com as estatísticas, são muito vulneráveis à depressão.

Quanto à *idade*, é raro haver sintomas de depressão na infância. Durante a adolescência e a juventude, começam a aparecer as crises na mulher, em porcentagem bem mais alta que para os homens: doze mulheres para um homem. Dos vinte aos trinta anos, porém, a porcentagem diminui para as mulheres e se eleva abruptamente para os homens: dez mulheres para cada cinco homens. Para todos, homens e mulheres, a etapa mais depressiva é a que vai dos quarenta aos sessenta anos. Na terceira idade, os níveis mantêm-se bastante altos.

As estatísticas demonstram que os fatores culturais e sociais podem alterar os índices da melancolia. As classes média e alta são mais atingidas que a classe humilde. Está demonstrado que corresponde um número mais alto de suicídios a uma maior prosperidade pessoal e a uma produtividade nacional mais alta; e é preciso lembrar que o suicídio constitui o clímax da depressão, ao menos ordinariamente.

De acordo com as estatísticas, o cristianismo apresenta um terreno mais propício para as crises depressivas do que o hinduísmo e o islamismo, por exemplo, por suas insistências sobre a culpabilidade. De fato, uma das causas mais frequentes da depressão entre os cristãos praticantes são os sentimentos de culpa, coisa inteiramente desconhecida, por exemplo, no budismo.

8.2 Esclarecimentos

Toda pessoa normal tem pequenas alterações vitais, mas isso não pode ser considerado depressão. Uma coisa é a tristeza motivada das pessoas normais (estão tristes porque receberam uma má notícia) e outra coisa é a tristeza sem motivo dos melancólicos.

Mas também as pessoas normais podem ter tristezas não motivadas. A tristeza pode até ser motivada e, depois, com o desaparecimento do motivo, transformar-se em tristeza vital, típica dos melancólicos.

Também há pessoas que são geneticamente tristes desde o nascimento até a morte, mas não têm depressões propriamente ditas, porque não têm alterações profundas, ainda que se mantenham em um estado permanente de mau humor e de pessimismo. Não se pode dar o nome de depressão a qualquer tristeza, por exemplo a que é causada por uma desilusão profunda ou por uma atitude de um indivíduo brutal.

Pode até acontecer que um temperamento normalmente melancólico tenha uma "queda" de ânimo que não possa ser qualificada como depressão, por falta de profundidade, duração ou frequência na crise.

Também não se deve confundir a depressão com a opressão. Por causa de sua estrutura somática, muitas pessoas podem sentir um estado de opressão, hipotensão e dificuldades respiratórias em um dia de nuvens baixas ou de pesada pressão atmosférica: nada disso é depressão.

O mistério do homem é tão único e inédito que há pessoas que ficam eufóricas em dias de nuvens negras e baixa pressão atmosférica, mas sentem opressão e tristeza nos dias de sol radioso. O homem, "esse desconhecido"!

8.3 Depressão reativa

A depressão pode ser *reativa* ou *endógena*.

Endógena quer dizer que se origina e provém *de dentro*, da própria estrutura celular. A melancolia endógena mergulha as raízes na constituição hereditária.

Reativa – porque é uma reação – quer dizer que foi provocada por causas alheias ao indivíduo.

Essas causas podem ser *externas* à pessoa, como os fatores ambientais, acontecimentos, contrariedades. A morte de uma pessoa amada, principalmente quando, durante o luto, a dor foi reprimida por um controle dos nervos, pode provocar uma alteração depressiva. Pode derivar também de um grave fracasso em um propósito fundamental da vida: sonhou tanto durante tantos anos com aquele projeto econômico ou profissional, de cujo resultado dependia todo o futuro da família... e tudo veio abaixo.

Uma separação matrimonial, que supõe o colapso de uma longa história de grandes ilusões, dias felizes, tantos anos de luta para estabelecer um lar... e agora tudo se acabou; uma considerável fadiga nervosa; as pressões sociais que desafiam e assediam teimosamente o ser humano, as incertezas, o desabamento da escala de valores que alicerçava nossa segurança... podem determinar a aparição de transtornos depressivos.

Os motivos que originam a depressão também podem ser interiores: certas doenças, como a epilepsia, a tuberculose, hepatite, gripes prolongadas e, em geral, as doenças que conseguem abalar a vitalidade podem desencadear – e isso é frequente – uma sequela de distúrbios, com diversos graus e matizes.

* * *

Há pessoas que nascem com predisposição ou propensão para a melancolia; e essa predisposição tem um amplíssimo leque de possibilidades, de graus mínimos ou nulos até os mais elevados.

Para alguns, nem as mais graves enfermidades nem os mais terríveis ambientes chegam a causar o menor distúrbio depressivo. Outros são presa de uma passageira melancolia quando sucede em suas vidas um acontecimento verdadeiramente dilacerante.

Mas há outros que nasceram tão propensos que basta um pequeno acontecimento adverso para levá-los à fossa depressiva: um desgosto que não teria efeito nenhum sobre outra pessoa, e até para essa mesma em outras circunstâncias, pode arrastá-la desta vez para a noite da depressão.

Um estado de tensão é campo fértil para reagir depressivamente a qualquer acontecimento. O motivo exterior pode ter desaparecido, mas fica a tendência a reagir depressivamente. Pode até acontecer que, mesmo depois de comprovado que a notícia que provocou a depressão era falsa, a crise continue com a mesma intensidade.

"O mais frequente é que a alteração da vitalidade seja puramente autônoma e se apresente como um desarranjo intrínseco, não dependendo de causas exteriores nem de motivos internos. A possibilidade de ter uma crise depressiva reativa (por fatores externos) com a consequente alteração da vitalidade, tem sua raiz na contingência de cada pessoa" (Lopez Ibor).

8.4 Depressão endógena

Há pessoas que nasceram com inclinações tão marcadas para a melancolia que, sem nenhum agente exterior ou motivo interno, caem periodicamente em crises terríveis. São as depressões endógenas, por certo as mais temíveis.

Têm múltiplas variações quanto à periodicidade de sua aparição, duração, intensidade e outros elementos. O que não variam são os sintomas: são notavelmente regulares e uniformes.

Tais pessoas geneticamente depressivas estão agindo normalmente no ambiente geral de sua vida quando, de repente e sem intervenção de nenhuma circunstância exterior indutora, caem nas garras do distúrbio depressivo, com o peso de todos os seus sintomas.

As crises podem ter a mais variada *durabilidade*: horas, dias, semanas, meses. Se as crises são prolongadas, os deprimidos sofrem – façamos uma comparação – oscilações semelhantes às do clima: agora há nuvens baixas, escuras e oprimentes; mais tarde, continua nublado, mas com nebulosidade alta e fraca; depois aparecem pequenos resquícios de azul; horas mais tarde o horizonte se cobre de novo de nuvens cinzentas. Mas, de todas as formas, o céu está sempre nublado. De maneira semelhante, durante uma prolongada crise de melancolia os afetados passam por uma porção de flutuações de intensidade.

* * *

Quanto à frequência, há pessoas que têm crises uma ou duas vezes por mês, mas de breve duração. Outros têm-na uma ou duas vezes por ano, mas de duração mais prolongada. Finalmente, há outros que só têm crises depois de vários anos, mas com temível intensidade e duração.

A periodicidade do acesso morboso não se limita aos tempos de aparição porque também pode haver um certo *ritmo* variado em suas manifestações: há pessoas que despertam de madrugada com uma morbidez esmagadora. Outros experimentam essa intensificação durante as horas do entardecer. Outros, ao contrário, nas primeiras horas do dia, aliviando-se à tarde.

De qualquer jeito, o nível de intensidade, nos momentos de crise, não permanece em uma linha constante; está sujeito a variações contínuas de intensidade, conforme as pessoas.

* * *

Quando a crise passa (sem explicação nem motivo, como veio) as pessoas voltam a ser completamente normais. Até amanhece em seus rostos um ar de festa, como a paisagem se veste de alegria depois de uma chuvarada.

Essas pessoas, geneticamente depressivas, cujos transtornos aparecem nos momentos menos esperados, com ou sem periodicidade, costumam ficar temendo a volta da tempestade. Não sei se esse temor pode precipitar indutivamente uma nova crise. Suponho que sim, em algumas ocasiões; em outras, não. Acho que acontece, digamos por via de analogia, o mesmo que com a enxaqueca: para algumas pessoas, as crises de enxaqueca são induzidas por um desgosto ou pelo cansaço; para outras as crises vão e vêm sem causa alguma, pelo menos aparente.

Também conheci pessoas permanentemente deprimidas, com ligeiros céus claros, podendo respirar por alguns momentos, com espaços mais escuros e menos escuros, mas com o céu sempre nublado. Dá medo pensar no martírio de suas vidas. São dignas da maior ternura e compreensão.

Esse tipo de depressões endógenas, cíclicas ou não, não aparece durante a infância e, em geral, nem na juventude, mas mais tarde e, como dissemos, sem nenhum fator externo que as desencadeie.

8.5 Depressão maníaca

É preciso lembrar que a palavra *mania*, aqui, não significa ideia fixa ou obsessiva, como se entende vulgarmente, mas se refere a um estado de excitação ou exaltação psíquica.

A psicose maníaco-depressiva é uma violenta alteração *tímica*, um brusco alto e baixo da vitalidade.

Diante dos sentimentos pesados que são sofridos pelos deprimidos, os maníacos deparam com uma alegria explosiva que lhes vem lá do íntimo, sentem como que uma fragrante primavera, e nenhuma desgraça, por mais terrível, consegue fazer sombra a sua indestrutível alegria durante esse período.

Essas pessoas passam, em um movimento circular e cíclico, da euforia para a melancolia e da melancolia para a euforia, em um trânsito geralmente brusco.

Tais vaivéns ciclotímicos se sucedem como os fluxos das ondas do mar, subindo e baixando, como a respiração que tem um ponto tenso (inspiração) e outro relaxado (expiração), como o movimento do pêndulo que vai de um ao outro extremo. A exaltação maníaca é delirante, quase dionisíaca, e a depressão, como sabemos, é sombria.

* * *

Como no desenrolar frenético de um jogo de futebol, o ânimo vai passando da tristeza para a alegria, da inibição para a exaltação, da angústia para o êxtase, da desesperança para uma esperança invencível, da falta de vontade para uma euforia quase furiosa.

Trata-se, definitivamente, de uma oscilação circular e violenta dos humores ou sentimentos vitais; essa transição pode se dar da euforia para a depressão, ou vice-versa. Como em todas as depressões endógenas, também aqui há uma grande variedade quanto à periodicidade, duração e intensidade dos acessos mórbidos.

Entre as depressões endógenas, as ciclotímicas são as mais especificamente genéticas. As circunstâncias ambientais não influem nada. Trata-se exclusivamente de uma determinada constituição cerebral-glandular.

Damos aqui uma descrição incomparável de Soren Kierkegaard sobre uma crise maníaco-depressiva:

"Um dia, quando me levantei da cama, sentia-me extraordinariamente bem. Esse bem-estar cresceu acima de qualquer comparação. À uma em ponto, pressenti o máximo da excitação vertiginosa, que não consta em nenhum termômetro do bem-estar.

Cada função do organismo gozava a sua completa satisfação. Cada nervo estava afinado consigo mesmo e em harmonia com todo o sistema. Cada pulsação testemunhava a vitalidade que inunda todo o corpo.

Andava como se estivesse flutuando, mas não como o voo de um pássaro que atravessa o ar; como as ondas do vento numa plantação, como as ondas anelantes do mar, como o deslizar das nuvens sonhadoras.

Meu modo de ser era o da pura transparência, como a profundidade do mar, o silêncio satisfeito da noite, como o sossego monologal do meio-dia.

A existência inteira estava enamorada por mim. Tudo que era enigmático se esclarecia em minha bem-aventurança microscópica, que explicava tudo...

Como disse, à uma em ponto, eu estava no alto. Então, bruscamente, alguma coisa começou a irritar meu olho esquerdo. Não sei o que era, se era uma pestana ou um cisco. O que sei é que no mesmo momento caí no abismo do desespero [...]".

8.6 Uma visão geral

Como dissemos, a tristeza e a alegria são flutuações normais de humor que acompanham e rodeiam as metamorfoses de uma existência. Até a prostração pode surgir sem motivo especial, e por isso não indica necessariamente anormalidade.

A depressão, porém, possui uma natureza muito diferente, e se caracteriza por um profundo e prolongado abatimento. O deprimido perde, mais ou menos facilmente, a capacidade de comunicação. Tem também uma intensa dor moral que os outros, em geral, mal compreendem, e uma total incapacidade para qualquer iniciativa diante do futuro.

Na maioria dos casos, os deprimidos revivem os fatos mais sombrios de seu passado, o que lhes causa sentimentos de culpabilidade. Todo intento ou esforço psicomotor está destinado ao fracasso.

O que mais molesta os melancólicos é a reação incompreensiva dos familiares e, em geral, de todas as pessoas que os cercam: "Faça uma forcinha", "Você tem tudo para ser feliz", "Convença-se: tudo isso é subjetivo". É inútil. Privado de capacidade psicomotora, o deprimido naufraga fatalmente. Não pode se levantar.

* * *

A prostração mórbida suprime todo gosto. O desejo de manter contactos afetivos desaparece. As funções instintivas ficam alteradas, quase em letargo.

Desaparece também o sono tranquilo e reparador. Muitos conseguem dormir de madrugada, e mesmo nesse caso o sono é superficial e intermitente. Nas horas de insônia dá livre curso às recordações amargas, e as ideias mais negras penetram e se instalam na mente como moscas, sem que se possa afugentá-las. São dominados quase obsessivamente por complexos de culpa, devidos a fatos reais ou fictícios.

Uma ansiedade, que chega como em ondas sucessivas, cobre todos os outros sintomas. Nesse contexto, o desejo de morrer pode nascer facilmente. E quando há todas as condições e todas elas atingem o ápice, o doente pode aproximar-se das portas do suicídio.

A depressão afeta todo o organismo. Trancado em sua melancolia como em uma prisão, o deprimido vive com amargura uma situação deprimente de inutilidade. Seus gestos são lentos e desajeitados; sua mímica, também desajeitada, não reflete mais sua aflição; seu olhar se apaga; sua voz, monocorde, expressa pensamentos derrotistas e fala com vacilação.

8.7 Sintomas

Depois dessa visão geral, vamos indicar alguns sentimentos dominantes que, a modo de sintomas, ajudem a identificar a depressão.

Pode ser uma tristeza *passiva*. Subjaz nela um sentimento de impotência e de desânimo. Quando é muito profunda, o doente pode ter a sensação confusa de que o corpo inteiro participa desse sentimento, como se a tristeza emanasse como uma secreção – se posso dizer assim – dos poros do corpo. É uma tristeza "encarnada".

Ouvi muitos usarem esta mesma expressão: *tristeza corporal*, como se estivesse consubstanciada com o próprio ser: a cabeça tende a inclinar-se, os braços e as pernas "caem" e todo o corpo parece desmoronar em pedaços.

Há também uma tristeza *ativa*. Nela lateja, ainda que de forma latente, uma reação de protesto e de lamento, sem que, não obstante, exista propriamente agressividade, antes desesperança, acompanhada por resignação, que é filha da impotência.

Inibição. Como se toda a energia vital tivesse sido convocada e seduzida pela morte, todas as manifestações vitais são arrastadas, como em um grande movimento de retirada, para a imobilidade e a inércia.

Tudo paralisa: a capacidade de pensar, de recordar, todas as molas da expressão, todas as faculdades de atuação. É a morte do sistema psicomotor.

Há uma sensação geral de achatamento, de desânimo vazio de impulsos e de sentimentos; morte absoluta de toda capacidade criativa. Não há desejo de empreender nada.

O doente torna-se incapaz de vibrar com as alegrias e de se entristecer com as tristezas. Tudo torna-se indiferente.

Morrem a alegria, o humor, o impulso sexual, a vontade, a fome. O depressivo não faz nenhum plano, não age, submerge na passividade. Sua musculatura torna-se flácida, as funções digestivas realizam-se preguiçosamente, baixa a pressão arterial e desce o ritmo cardíaco.

Chorar é uma *catarse*, liberação parcial do sofrimento. Mas o depressivo, como não tem vontade de nada, também não tem vontade de chorar. No máximo, chora para dentro. É a melancolia mais desoladora, profunda e inefável.

Kierkegaard diz:

> Quando se está angustiado (deprimido), o tempo passa devagar. Quando se está muito angustiado, até o próprio instante se faz lento. E quando se está mortalmente angustiado, o tempo acaba parando.
>
> Querer correr mais depressa do que nunca, e não poder mexer um pé. Querer comprar o instante pelo sacrifício de todo o resto, e saber que não está à venda.

Desesperança. O deprimido deixa-se levar nos anéis de um misterioso redemoinho, trágico e temível: *nem tem vontade de sair daí.*

Como as faculdades volitivas morreram, levado nos braços da inércia, o deprimido nem sequer tem desejo de fazer alguma coisa para sair desse estado. Algumas pessoas me confiaram que, devido a essa inércia letal, não se movimentaram nem para atentar contra a própria vida.

Uma das experiências mais desoladoras que tive que viver foi esta: a incapacidade de consolá-los. Para eles, não existe alívio possível. Pouco ou nada adianta o recurso à fé, os métodos de relaxamento, as considerações sobre a transitoriedade da vida. Não há eco. Não há reação nem resposta alguma. É como dar uma injeção de vitaminas em um cadáver.

Deus tenha piedade desses doentes e lhes conceda a graça de ter paciência, de esperar que a tempestade passe.

* * *

Não há pessoa que, submersa na noite de uma crise aguda e prolongada, não pense em *suicídio*. Se não o realizam é por causa dos efeitos letais dessa doença. Mas, mesmo assim, sentem-se seduzidos por aquela janela, vagueiam por aquele precipício, por aquele quebra-mar, pela ponte em cima do rio, pelos trilhos do trem...

E se, finalmente, consumou-se o desejo fatal, é devido a este mecanismo: às vezes, à depressão junta-se o fenômeno da obsessão. Então, se o conteúdo da obsessão é a ideia fixa de morrer (e se a crise é grave e longa), é difícil evitar uma tentativa de suicídio.

* * *

O que é pior, as pessoas deprimidas costumam ter, em geral, um aspecto saudável, não se percebe nelas nenhum sintoma de doença. Todos os seus órgãos, um por um, estão sãos.

Os eletros não dão nada de anormal. O médico diz: não tem nada. Seus companheiros de trabalho e seus familiares fazem uma porção de suposições gratuitas: são caprichos, está fingindo que está doente, é pura preguiça, fuga...

E assim chegamos ao máximo do absurdo, que é o seguinte: se a alteração depressiva tivesse sido motivada por um desastre em que tivesse morrido seu ser mais querido, todos o compreenderiam e se compadeceriam, e ele também compreenderia a si mesmo: teria motivo mais do que suficiente para se sentir desfeito.

Mas quando a depressão é endógena e chega a crise, e sem motivo algum nem razão de ser é invadido pela tristeza, a amargura, o desamparo, a desolação, a desesperança, uma agonia de morte, e, para cúmulo da falta de sorte, se os familiares e amigos o fustigam com incompreensões e ironias... é que já estamos tocando o teto mais alto do absurdo e do drama humano. Haverá inferno pior?

8.8 Alguns testemunhos

"Numa sexta-feira de agosto, amanheci esquisita. Mas não tinha nenhuma razão para me sentir mal, insegura. Procurei esquecer. As horas passavam e eu me sentia cada vez pior: angustiada, oprimida, assustada.

De noite fomos à festa, e o medo começou a me desesperar como se alguma coisa fosse acontecer. Tinha o peito apertado, sentia falta de ar. Foi terrível, porque não tinha nenhum motivo pessoal para me sentir assim."

* * *

"A depressão começou quando eu tinha quarenta anos. Diagnosticaram que se tratava de cansaço mental, mas depois retificaram esse diagnóstico. Tenho crises a cada quatro meses, mais ou menos.

É impossível expressar o que a gente sente. Para que alguém o entendesse, teria que experimentar na própria carne. Acaba a felicidade, mesmo a do dever cumprido. A gente pensa que é estorvo para todos, porque o vigor da atividade se anula. De manhã, quando acordo, tenho pavor de pensar que vou ter que viver mais um dia; não tenho ânimo para nada.

Os afazeres, desde o arrumar-se até arrumar a casa, são como uma montanha que pesa enormemente. Tudo isso torna-se muito difícil, trabalhoso, mesmo que seja pegar uma vassoura para varrer."

* * *

"Uma tristeza sem limites. Penso: como vou dar aulas hoje? Não consigo conter as crianças como antes. Não sei como começar a aula, porque toda a minha capacidade de iniciativa, tão necessária para ensinar, desaparece. E as crianças, como se adivinhassem, aproveitam.

Vou ao recreio com as professoras, sem desejar e sem nada para dizer. Fico em silêncio. Respondo com monossílabos. No meio de todas as minhas companheiras, sinto-me sozinha, infinitamente sozinha.

Desapareceu o afeto, mesmo pelos seres queridos. Sinto-me um ser estranho que não se comunica, porque não merece a palavra de ninguém. Na realidade, não mereceria nada, nada. Se não me cumprimentavam, não me ofendia, porque pensava: não mereço que me cumprimentem.

Sentia as pessoas que me rodeavam como se fossem vultos. De vez em quando, ia ao médico: um alívio de alguns dias e nada mais. Também me assaltava a convicção de que não mereço o carinho dos outros. Se uma companheira me pede um favor, isso me parece uma grande consideração, e a atendo muito bem. Sinto-me um peso para a família; estariam melhor sem mim.

Na sala de conferências procurava ser a última e ficar no cantinho mais esquecido. Nessa situação, imagino que todos leem meu estado interior e, por isso, não me querem perto. Vivo isso como uma realidade e digo: Não gostam de mim; como me suportam?

Chamei a morte muitas vezes. A doutora, pensando que se tratava de cansaço, sugeriu que eu mudasse de atividade. Experimentei. Nada. Tudo igual. Eu me consumia sozinha. Só queria morrer e não podia.

A doutora me disse um dia: 'Oxalá não tenha eu que passar por essas provas'.

Cada três ou quatro meses havia uma melhora. Então, sim, eu era a pessoa mais feliz do mundo..."

* * *

"Medo e desejo de morrer. Desaparecer. Preocupação. Tristeza. Tenho aqui dentro um mal que me roubou toda a vitalidade.

Parece que as pessoas percebem. Procuro dissimular, mas não consigo."

* * *

Tem vinte e quatro anos, casada, sem filhos. Habitualmente alegre, uma manhã sente que a melancolia se apodera dela. Abatida na cama, não pode assumir as tarefas caseiras.

Sem vontade, uma oprimente tristeza fez com que nem se lavasse nem tomasse café nesse dia. De tarde, sentindo-se menos fraca, começa a preparar o jantar para o marido. Desculpando-se por estar cansada, deita cedo nessa noite.

Acorda lá pelas cinco da manhã, e imediatamente volta a mergulhar no desfile de negras ideias, com remorso por comportamentos passados, com uma sensação aguda de incapacidade. "Para que viver?" pergunta, recordando a tentativa de suicídio que a levou ao hospital dois anos atrás. Às sete da manhã continua prostrada com o olhar fixo, quase paralisada. O médico confirma o diagnóstico: recaída na depressão.

* * *

Tem vinte e sete anos. Trabalha como secretária, com boa remuneração, em um grande estabelecimento comercial.

Entende-se muito bem com o marido e não tem nenhum problema com seus dois filhos. Tudo é (era) bem-estar e harmonia.

Mas, desde algum tempo, vem arrastando uma fadiga sem motivo e um tédio insuperável. Dorme pouco e mal. Descuida totalmente o cuidado pessoal, não se maquila. Pior: não se interessa nem um pouco por seus filhos. Sentindo-se inútil para tudo, um dia acabou dizendo ao marido: "Seria melhor que eu desaparecesse".

8.9 As entranhas do mal

As funções psicológicas, como dissemos, não podem acontecer independentemente dos processos fisiológicos, e estes, por sua vez, sempre estão implicados com a estrutura orgânica.

Desde que se comprovou um aumento de secreção de adrenalina em situações de ira e medo, começou-se a buscar um substrato bioquímico nas diferentes reações afetivas, por exemplo, na depressão.

Poucas décadas atrás, numerosos estudos bioquímicos concluíram com a teoria da relação entre as *catecolaminas* e os acessos maníaco-depressivos. De acordo com esses estudos, haveria na depressão uma baixa no metabolismo das *catecolaminas,* enquanto haveria um aumento na fase maníaca.

Posteriormente surgiu a hipótese que relaciona a serotina com os transtornos depressivos em geral. Efetivamente, foi comprovada uma diminuição da serotina nos suicidas e, em geral, nos estados depressivos.

* * *

Ultimamente, novas investigações bioquímicas propuseram uma teoria dualista que explicaria as diversas formas de depressão. De acordo com essa teoria, o mistério do transtorno depressivo estaria no jogo de balança entre a serotina e a noradrenalina. Nas depressões em que prevalecem as agitações, como taquicardias, distúrbios gástricos... haveria um aumento de noradrenalina em relação à serotina. E na depressão, em que predomina a apatia, o abatimento... haveria uma elevação da serotina em relação à noradrenalina.

Por último, outra hipótese supõe uma alteração enzimática no metabolismo das catecolaminas que produziria metabolitos tóxicos, que originariam ou ao menos favoreceriam a aparição dos transtornos depressivos.

Todas essas teorias e hipóteses estão apoiadas no fato de que a maioria dos antidepressivos atuam aumentando o nível das catecolaminas.

Todas as investigações, em geral, estariam apontando na direção do que a observação da vida nos diz e que assinalamos acima, a saber: que existe uma relação íntima entre a crise de depressão e a constituição endócrina; e que, conforme o funcionamento glandular, há pessoas nada propensas, pouco propensas, ou muito propensas aos acessos depressivos.

* * *

Outros estudos trazem luz para os mecanismos cerebrais relacionados com os distúrbios depressivos. De fato, aproximadamente 40% dos deprimidos acusam anomalias em certos neurotransmissores, substâncias químicas que garantem a transmissão da informação entre as células cerebrais.

Ao estudar as depressões profundas, os pesquisadores constataram igualmente que certos hormônios teriam parte nas perturbações observadas. O cortisol, por exemplo, segregado pelas glândulas suprarrenais, exerce tantas funções sobre o organismo que foi chamado de "hormônio para tudo". Igualmente, a ciência observa com muito interesse o papel exercido pelos hormônios sexuais. Por exemplo, sabe-se com certeza que os hormônios femininos têm um papel importante na expressão do humor, o que se torna patente durante o ciclo menstrual e a menopausa, períodos em que aumentam sensivelmente as crises depressivas e as tentativas de suicídio.

A investigação suscita bastante esperança para o futuro da depressão, sem esquecer os trabalhos que são feitos pelos psicólogos. Porque, se os elementos biológicos predominam nos transtornos profundos, nos distúrbios menos profundos costumam primar os fatores psicológicos.

8.10 Para a esperança

A depressão, felizmente, tem cura. Bastam umas poucas semanas para que 70% dos deprimidos sarem. Uns 30% precisam de tratamentos mais complexos e prolongados. Também há casos em que os pacientes se recuperam, mas não se curam.

Os tratamentos antidepressivos são cada vez mais rápidos e eficazes. Uma das áreas em que mais se investiga e em que mais se está avançando é precisamente a da psicofarmacologia. Estão sendo descobertos em ritmo acelerado novos psicofármacos, cada vez mais eficazes, para aliviar e curar os estados depressivos. Não há Congresso de Neuropsicologia que não se apresente um novo remédio antidepressivo, cada vez mais poderoso. Da mesma maneira, vão melhorando rapidamente os processos terapêuticos.

Podemos dizer que a depressão está encurralada e ferida de morte.

Família. Entendemos aqui por família o grupo humano em que se desenvolve a vida do paciente depressivo. Pode ser o lar, a comunidade religiosa ou outra comunidade, o lugar de trabalho.

Não é preciso ter olhar de lince para perceber o seguinte: o ambiente familiar contagia-se com os sintomas do paciente, e também se deprime. Às vezes a família sofre tanto quanto o paciente: há um ar de tristeza e de desânimo nesse grupo humano. E se a vítima da depressão, no lar, é a mãe – o que acontece com frequência –, é a pior desgraça que pode cair sobre os filhos, principalmente se são pequenos.

É evidente que os que cercam o paciente podem influir decisivamente para o bem ou para o mal, sobre o curso da crise depressiva. Para que a influencia seja positiva, damos aqui algumas orientações.

* * *

Em primeiro lugar, tendo presentes as manifestações e sintomas depressivos que apresentamos nas páginas anteriores, os familiares podem vislumbrar se o mal que afeta o seu parente é depressão. Se houver suspeitas disso – e principalmente quando suas manifestações forem realmente sérias – devem levá-lo ao médico, e preferivelmente a um especialista.

Digo *levá-lo* porque, conforme as estatísticas, o deprimido quase nunca vai espontaneamente ao médico.

Em segundo lugar, os familiares precisam estar atentos para que o paciente tome os remédios com pontualidade e constância. Há sempre o perigo de ele abandonar a medicação quando se sentir esplendidamente bem, o que sucede, por exemplo, nas fases maníacas das depressões ciclotímicas. Além disso, os parentes não podem esquecer o seguinte: além dos remédios, os especialistas costumam dar outras orientações curativas; mas o paciente depressivo, como já explicamos, sente-se frequentemente como que paralisado, incapaz de tomar decisões e de agir. É quase um inválido, principalmente nas crises profundas.

Em terceiro lugar, devem demonstrar-lhe muito afeto, mais do que nunca. E, principalmente, devem ter para com ele uma enorme compreensão e uma infinita paciência. Tudo que se puder dizer a esse respeito, qualquer insistência nesse sentido, tudo será pouco.

Também se aconselha aos familiares não deixarem ao alcance do paciente os sedativos, principalmente se forem poderosos. E por razões óbvias. Nas crises agudas, o depressivo é menos que uma criança.

O paciente. Em primeiro lugar, você precisa identificar o mal. Pode haver dois tipos de crises depressivas: leve e grave. Vejamos a primeira.

Efetivamente, há depressões que são benignas, transitórias, exógenas, isto é, que foram provocadas pelas "coisas da vida": desgostos, cansaços, sequelas de doenças e, finalmente, por um *não sei o que*, que tanto pode ser um fator desconhecido como uma acumulação de circunstâncias.

Nesse caso, mesmo que o mal for passageiro, não deixa de ter efeitos semelhantes a uma depressão grave, menos na intensidade.

Não se deixe dominar pela angústia. Tudo vai passar.

Quando sentir nuvens negras sobre a sua alma, defenda-se delas. Não se entregue "à morte", *não se deixe levar*. Pelo contrário, você deve reagir dinamicamente, tirando energias e entusiasmos da própria fraqueza. Seu interior está cheio de energias, mas elas estão adormecidas. Você deve despertá-las e colocá-las em pé. Deve lutar resolutamente contra a tendência primária da depressão para a inibição.

Deve lançar mão de técnicas de autossugestão: quando despertar, dirá: "Hoje será um dia maravilhoso". Você sairá para pescar e sorrirá para a natureza dizendo: "Tudo é lindo, minha vida é linda, vou ter uma felicidade imensa, vou vencer esta doença, já estou bem, sou feliz".

Convença-se, você vai se salvar da melancolia. E outra coisa, só você pode salvar-se. Diga a sua alma: "Eu quero vencer e vencerei". Não se esqueça de que você *pode* muito mais do que imagina.

Neste livro você vai encontrar diversos capítulos que o ajudarão expressamente a superar essa crise. Procure-os você mesmo.

* * *

É outra coisa quando a depressão é hereditária, vem *de* dentro, tem raízes na sua estrutura celular genética e, por acréscimo, apresenta sintomas graves. Para saber se o seu mal é desse gênero, observe um pouco os seus parentes mais próximos. Se descobrir sintomas depressivos em algum deles, é provável que seu mal seja congênito.

Mesmo na suposição de que seja endógeno, não se esqueça de que as depressões podem ser de dois tipos: as normais, de uma só fase, a depressiva; e as ciclotímicas, de duas fases, maníaco-depressivas, isto é, exaltação e depressão.

Como é que você pode se ajudar? Precisa distinguir dois momentos: quando está em plena crise e quando está normal.

Quando estiver em plena noite escura, procure isto: tenha paciência; lembre-se de que tudo vai passar; não descuide a medicação; não faça nada contra a vida; recolha-se, impotente, nos braços de Deus, e descanse. E espere, porque amanhã vai ser melhor.

Quando estiver normal, vá cerzindo um tecido mental com os critérios de fé que você vai encontrar na segunda parte deste livro. Mas, se a sua fé for fraca ou não existir, algumas considerações doutrinais desta primeira parte o ajudarão a assumir em paz e serenidade o mistério da vida.

9 O outro

Não é o caso do bosque e da árvore: a árvore, solitária na campina, cresce e vive com a mesma galhardia. Não é o caso do antílope e da manada: o ruminante, perdido na estepe africana, não tem problemas para sobreviver. Também não é o caso do cardume e do peixe: este, mesmo solitário nas águas profundas, não sente falta de seu grupo para nada.

O caso do homem é muito diferente.

Como já explicamos, quando o homem tomou consciência de si, voltou o olhar para si mesmo, analisou-se, mediu-se, ponderou-se e achou que era solitário, indigente, fechado dentro das paredes do próprio eu. Como salvar-se desse cárcere? Com uma *saída* para o *outro*.

O ser humano é como um boneco balançando entre dois abismos: a necessidade de *ser ele mesmo* e a necessidade de ser para o outro; essencialmente *mesmidade* e essencialmente *relação*. O outro é, para o homem, *necessidade* e *salvação*. Imaginemos, por hipótese, um homem abandonado para sempre nas montanhas: arrebentar-se-ia, desintegrar-se-ia mentalmente, voltando provavelmente às etapas pré-humanas. O *outro* – reiteramos – é para o homem necessidade e "salvação".

Infelizmente nem sempre essa relação é salvação, mas também, frequentemente, suplício e dor, o que levou Sartre àquela expressão azeda: "O inferno é o outro".

Depois de um longo caminho pelo interior da vida, pude comprovar que, de fato, o outro é o manancial mais importante e temível de sofrimento humano; *do outro* o homem recebe os impactos mais dolorosos. E estamos outra vez agarrados entre as tenazes da contradição: o que é necessidade pode ser um inferno para nós.

9.1 As molas secretas

A trama das relações humanas é tão complexa que para desenredá-la seria preciso escrever outro livro. Vou dar só umas pinceladas.

Você se apresenta e atua, suponhamos, diante de quinze pessoas. No fim, cada um dos assistentes tem uma apreciação diferente – intelectual e afetiva – sobre a sua atuação e inclusive sobre a sua pessoa.

Há mil fatores que influem nessa apreciação: evocações, transferências, sensibilidades, histórias pessoais. Às vezes, uma simples questão de afinidade: "gostei" ou não. Outras vezes, sua presença lembra-lhes outras pessoas e transferem para você as simpatias ou antipatias que sentem pelo outro. Há dias em que as pessoas veem tudo escuro ou tudo azul, conforme a pressão arterial, os metabolismos ou outras alterações biológicas.

Não é raro acontecer o seguinte: as pessoas têm seus próprios quadros de valores e, por trás deles, naturalmente, e escondidos, seus interesses pessoais. Pois bem, de acordo com a mentalidade ou a escala de valores que perceberem em você, elas vão se sentir ameaçadas em seus interesses vitais, e tudo isso vai influenciar na avaliação que vão fazer e na atitude afetiva que vão assumir a seu respeito.

Para uns você foi motivo de estímulo; para outros, de inveja; para outros, de emulação. Aceito por uns, rejeitado por outros, indiferente para a maioria. Todas essas reações, entretanto, pouco dependem de você, ou quase nada. O problema está mais neles, mas nem eles mesmos têm consciência de suas próprias reações. São fatores temperamentais e histórias pessoais que, como mecanismos, condicionam sua atitude para com você.

Apresentei e analisei esse exemplo para mostrar as molas misteriosas que estão na base das relações humanas.

9.2 As razões da inveja

A inveja, amarela e amarga, é a erva mais frondosa da horta humana.

Dizem que é a reação típica dos infantis. Talvez. Se for, é preciso concluir que uma boa parte da humanidade navega ainda nas etapas infantis.

Não é raro que a inveja brote entre irmãos de uma mesma família. No trabalho, no escritório, nos grupos humanos, nas comunidades, na arena das lutas políticas e sindicais, no mundo dos artistas, dos cientistas e profissionais... a inveja puxa o punhal a toda hora para atacar pelas costas.

Ai de quem triunfa! Bem depressa as vespas vão dar em cima dele. Os encantadores, os que brilham, os que se fazem querer, que se preparem para ser crivados de picadas.

* * *

A inveja existe nas relações humanas em doses muito mais elevadas do que a gente pensa. Por que digo isso? Porque a inveja é – e sabe que é – tão feia que se esforça terrivelmente para se camuflar. É como a víbora que procura todos os modos de se esconder. Quanto mais feia é a sua cara, mais bonitos os disfarces que usa.

Em outras palavras: a inveja é sumamente racionalizante, isto é, busca "razões" para se disfarçar. Por isso assume ares razoáveis, poses objetivas. Diz a inveja: "Apresento-lhes cinco razões para demonstrar que fulano é um fracassado". Mas as cinco razões são pura fachada; a verdadeira razão é a sexta: a inveja. Diz a inveja: "Fulana não está fazendo tão bem quanto vocês dizem: não perceberam que falta brilho no seu rosto, que isso e mais aquilo, que não há vigor em sua entonação?..." Diz a inveja: "Fulano não serve para esse cargo: sua pedagogia não está atualizada, seu poder de persuasão é relativo, sua capacidade de comunicação é medíocre; hoje a sociedade precisa de homens com outras ideias", etc., etc.

É assim que a inveja se disfarça. Nunca ataca a descoberto, sempre encolhida embaixo das asas das "razões". Assim, amparada pela racionalização, vegeta e engorda dando picadas, minimizando os méritos, apagando todo o brilho.

As pessoas sofrem muito por causa da inveja.

9.3 Caricaturas e outros espinhos

Você vai ou não vai; faz ou deixa de fazer; diz ou deixa de dizer, e o pessoal ao seu redor começa a fazer uma porção de interpretações e suposições: veio para se encontrar com tal pessoa; não veio para não se comprometer com isso ou com aquilo; foi lá com tal intenção; disse isso, mas queria dizer era aquilo... As pessoas projetam em você os seus próprios mundos, o que elas fariam, interpretações completamente subjetivas e gratuitas, que frequentemente raiam a calúnia. É assim que se começa a formar uma imagem distorcida de você, que vai crescendo e se transformando na sua caricatura. É injusto.

Você se apresentou só uma vez diante de determinadas pessoas. Não foi feliz: o que brilhou foi aquele típico traço negativo da sua personalidade. Desde então, para essas pessoas, você *é* aquele traço, como se *você inteirinho* fosse esse defeito. Uma grosseira caricatura, mais uma vez. Pior: às vezes, nem se trata de um defeito, mas de uma falha acidental. Mas a partir desse dia todo mundo vai identificar você por aquele incidente, esquecendo-se de toda a polivalente complexidade da sua personalidade.

Se, por acaso, você teve um amadurecimento intelectual tardio e seus estudos foram pouco brilhantes, seus companheiros de estudo vão conservar para sempre uma imagem medíocre de você, aquela imagem dos seus tempos de estudante, mesmo que você seja agora o presidente do Banco Central.

* * *

Para muita gente, o lugar de trabalho é um lugar de tortura. Pode tratar-se de um chefe inseguro e, por isso mesmo, arbitrário e prepotente; e é preciso aguentá-lo, para não arriscar o emprego. Outras vezes você está cercado de tipos desagradáveis que, por serem ressentidos, não podem deixar de disparar contra você seus dardos envenenados e cuja única satisfação é molestar e ferir. E não faltarão os ambiciosos, que vão fazer sua vida impossível com suas intrigas e rasteiras.

Outras vezes, a vizinhança é um vespeiro de boatos em que mal dá para respirar. Levam e trazem mexericos, inventam e aumentam as histórias. Vigiam, fiscalizam. Sempre o *outro*.

* * *

Mas o inferno pode estar também dentro de casa.

Está aí esse mar vasto e profundíssimo: o casamento. Mas não vamos entrar nessas águas com a lupa analítica. As alternativas da vida matrimonial têm, na verdade, uma complexidade quase infinita, e mesmo para uma análise sumária precisaríamos de muitas páginas.

De passagem, deixamos aqui só esta anotação: para muita gente, a vida de casado constitui a principal fonte de dissabores.

Outras vezes, o motivo de preocupação e sofrimento são os filhos, principalmente quando estão atravessando a tempestuosa juventude.

Com demasiada frequência, o que distingue os filhos são estas duas características típicas: o egoísmo e a ingratidão. Os filhos, não raramente, procuram os pais só na hora em que precisam, por puro interesse. Muitas vezes a gente encontra mães, de idade já um tanto avançada, que se transformaram em pouco menos que empregadas de seus filhos.

Parece que está na essência do pai *dar*, e gratuitamente, e na essência do filho *receber*. Por isso, muitos filhos acham que têm todos os direitos de exigir.

* * *

Quanto você desejou, durante anos, que tal pessoa lhe desse confiança e amizade! Inútil. Ela nunca abriu as portas.

O que está ao seu lado interpretou mal uma expressão sua. Você leva dias procurando dar explicações para desmanchar o equívoco, mas ele continua ofendido.

Na equipe de trabalho faltou com você a pessoa em quem mais você confiava.

Você se deixou dominar pelos nervos e levantou a voz. A outra ficou calada. Não disse nada. Você pediu desculpas de joelhos, mas ela continua com a boca fechada. E já se passaram três meses.

Não há jeito de ser aceitado e acolhido no grupo em que você vive e trabalha. E você se sente mal.

Você nunca teria esperado que seu amigo acabasse desse jeito.

Você pôs fogo e alegria, durante anos, para formar esse grupo, um grupo de pessoas responsáveis e valiosas. Passaram-se os anos e os resultados estão à vista: todos, quase todos, o enganaram. Quem teria pensado!

Não se sabe por que, mas você sempre tinha tido a ilusão de que tal pessoa o aceitasse e estimasse; mas ela continua distante, com o olhar frio e torcido.

Sempre o *outro*...

9.4 O esporte de amar

Você dirá: se eu sofro de dispersão ou obsessão, vou dar um jeito de superá-las por um exercício intensivo de relaxamento e concentração. Mas, se o fogo vem *do outro*, que se vai fazer? Quem pode penetrar no santuário da liberdade do outro? Quem pode abstrair por completo da presença humana e refugiar-se no coração da solidão, no deserto como um anacoreta? Enfim, haverá uma forma de mitigar ou anular os impactos inevitáveis que nos vêm do outro?

Há: o *esporte do amor*. Mas, antes de começar a explicá-lo, aconselharia o leitor a ir adquirindo, por si mesmo, uma sabedoria pessoal e experimental com base em algumas linhas fortes deste livro: *acordar, relativizar, desligar-se, controlar-se...* E me permitiria sugerir-lhe que lembre alguns parágrafos de meu livro *Suba comigo*: respeitar-se, adaptar-se, compreender-se, aceitar-se, acolher-se, comunicar-se...

* * *

A arte que quero ensinar-lhe é difícil, quase utópica, mas de milagrosos efeitos libertadores. São muitos os que a praticam; portanto, é factível. É uma arte eminentemente cristã, mas não exclusivamente. Quando uma pessoa se sente amada por Deus como um filho único, essa arte de amar não só é fácil, mas quase inevitável. Mas ela também pode ser praticada pelos que não têm experiência de fé. E, de todos os modos, nós a recomendamos aqui como terapia libertadora.

Trata-se de se dedicar a amar precisamente aqueles de quem você recebeu desilusões ou que o traíram.

Cada vez que receber um impacto negativo, concentre-se, tranquilize-se e dedique-se a amar essa pessoa, a sentir amor por ela, a transmitir ondas de bondade, a envolvê-la, mental e cordialmente, em ternura e carinho.

Fulano o insultou. Não importa. Retire-se e dedique-se ao esporte de amá-lo: pense nele, transmita-lhe ondas de carinho e de benevolência. Ame-o intensamente, incansavelmente.

Tiraram-lhe a palavra, você acaba de ser informado de uma traição. Não faz mal. Retire-se, concentre-se neles e envie-lhes o fogo do amor, ame-os sem condições, cegamente; sem fazer caso do amor-próprio ferido, envolva-os em doçura, bondade, suavidade. Você não tem que procurar perdoá-los, só amá-los. Envie-lhes seu coração e suas entranhas, transpassados de ternura por eles.

Enfim, cada vez que alguém o fizer sofrer, retire-se para o silêncio de seu quarto e, em vez de lhe enviar ondas agressivas (que só vão prejudicar você mesmo), inunde-o mentalmente de doçura, encha-o de carinho, ame-o incansavelmente.

* * *

Você vai me dizer que isso parece uma loucura incompreensível. Pode ser. Mas eu posso afirmar que não há no mundo terapia tão libertadora como esta. É a mais sublime liberdade; é, justamente, a Perfeita Alegria.

E *é*, por outro lado, o Grande Mandamento do Senhor, que eu, neste momento, estou recomendando como a maneira mais eficaz de se livrar do sofrimento que provém do outro.

3

Salvar-se

*"Sutil, misterioso e profundo
é o verdadeiro sábio,
até fazer-se inexequível,
atento como quem avança sobre o rio gelado,
rústico como um tronco de árvore,
humilde como a neve que se derrete,
vazio como o vale,
simples como a água."*

Lao-Tsé

*"Vou criar um céu novo e uma terra nova:
do passado não haverá mais lembrança
nem virá pensamento,
mas haverá gozo e alegria perpétua."*

Isaías

*"Se você é puro,
a cobra pode picá-lo,
mas você não terá febre.
Mas como poderia picá-lo
se você é puro?"*

Ramdranath

Para colocar-nos no contexto exato, quero recordar alguns esclarecimentos:

1) Como dissemos anteriormente, quando usamos a palavra *salvar-se* não nos referimos à obra salvífica realizada pelo Senhor Jesus, pela qual livrou-nos do pecado e da morte, salvação que se consumará na glória eterna. Aqui nós entendemos a palavra *salvar-se* em sua acepção corrente e vulgar.

2) Pensando que a fé de muita gente é tão débil que não chega a ser uma força eficaz para transformar o sofrimento em fonte de paz, continuamos a prescindir ainda neste capítulo dos pressupostos da fé e a apresentar meios humanos para atenuar ou suprimir o sofrimento. Não obstante, o leitor poderá ter percebido que o plano que estamos apresentando é, como acreditamos, nitidamente evangélico, por seu caráter libertador.

3) Permita-nos o leitor repisar outro conceito já expresso no princípio: não estamos propiciando um hedonismo egocêntrico e fechado: livrar o homem do sofrimento e fazê-lo feliz. É claro que esse já seria um plano grandioso e, de fato, esse é o objetivo de todas as *ciências do homem*. Mas, em nosso caso, queremos transcender esse objetivo: buscamos deixar o homem em condições de ser capaz de *amar*.

4) Neste capítulo, vamos chamar de *sábio* o homem já libertado ou em caminho de libertação.

1 Salvar-se da ilusão do "eu"

> *"Felizes os pobres e os vazios de si mesmos, porque deles é o reino da serenidade."*

1.1 Vazio mental

Escolha um lugar tranquilo. Sente-se em uma posição cômoda. O tronco e a cabeça devem permanecer eretos; as mãos, colocadas sobre os joelhos, possivelmente com as palmas para cima. Mantenha os olhos abertos e fixos (mas não tensos; relaxados) em um ponto que esteja situado diante de você, a menos de um metro. Solte todo o corpo diversas vezes, até senti-lo equilibrado.

Concentre-se em sua respiração. Quanto possível, faça respiração abdominal. Recorde que toda respiração consta de inspiração (absorção de ar) e expiração (expulsão de ar). Respire pelo nariz, inspirando todo o ar que puder, não forte ou ruidosamente, mas suavemente. Depois expire tranquila e lentamente, expulsando o ar até esvaziar completamente os pulmões. Ao expirar, pronuncie suavemente (mental ou vocalmente) a palavra *nada*, sentindo a sensação de *nada*, que todo o seu ser se esvazie, no tempo e do jeito que os pulmões se esvaziam de ar. Volte a inspirar e volte a expirar pronunciando *nada*, sentindo que todo o seu ser está se relaxando, que o seu cérebro, braços, estômago, pernas, ficam vazios. O importante é ficar o maior tempo possível com a sensação de *mente vazia*.

No começo, sua mente não vai se esvaziar tão facilmente. Ao contrário, as imagens rebeldes o acompanharão. É normal. Não procure expulsar à força os pensamentos, não lhes dê importância, deixe-os, solte-os. E volte a sentir o vazio pronunciando nada durante a expiração. Devagarinho você irá conseguindo essa sensação sedativa de serenidade em todo o seu ser, como se o *nada* o cobrisse dos pés à cabeça e o penetrasse. É um descanso profundo.

Você pode fazer isso durante uns dez minutos depois de se levantar e dez minutos antes de se deitar. Pode fazer também durante o dia, quando se sentir tenso ou cansado. De qualquer jeito, quanto mais tempo dedicar a esse exercício, melhor. Se se sentir sonolento ou demasiado rígido ao fazer este exercício, deixe-o para outro dia.

Não me cansarei de repetir: o segredo do êxito está na prática tenaz e perseverante, sem impaciências e tranquilamente. A gente avança passo a passo. A chave está em repetir e repetir o exercício, melhorando cada vez um pouco mais os efeitos. Logo você vai começar a perceber que as obsessões já não o dominam como antes, que as tensões estão se soltando, as ansiedades desaparecendo, que você está dormindo melhor, que é mais paciente e que está recuperando o gosto de viver. É preciso continuar e continuar incansavelmente na prática diária.

Pois bem, onde nos leva esse *vazio mental?*

1.2 Fogo fátuo

Uma coisa é a pessoa e outra é o *eu*. Vou aproveitar aqui algumas ideias de meu livro *Suba comigo* (cf. LARRAÑAGA Inácio. *Suba comigo*. São Paulo: Paulinas, 232 p.).

A pessoa é uma realidade conjunta e um conjunto de realidade. A pessoa tem uma constituição fisiológica, uma capacidade intelectual, uma estrutura temperamental, equipamento instintivo... Todo esse conjunto é presidido e compenetrado por uma consciência que, como dona, integra todas essas partes. Todo esse conjunto integrado é tal indivíduo.

Pois bem, essa consciência projeta para si mesma uma imagem de toda a pessoa. Naturalmente, uma coisa é o *que* a pessoa *é*, e a isso chamamos de realidade, e outra coisa é a imagem que eu formo dessa realidade. Se a realidade e a imagem se identificam, estamos na sabedoria ou objetividade.

Mas, normalmente, acontece o seguinte: a consciência começa a se distanciar da apreciação objetiva de si mesmo em um jogo duplo: primeiro, não aceita, mas rejeita sua realidade; em segundo lugar, fica com o *complexo de onipotência:* deseja e sonha com uma imagem "onipotente", por assim dizer. Do desejar ser assim passa insensivelmente a imaginar que é assim: uma imagem ilusória e inflada, que na presente reflexão chamamos de "eu".

Depois começa a confundir e a identificar o *que sou* com o que eu *quisera ser* (ou acho que sou). E, no processo geral de falsificação, nesse momento, o homem adere emocionalmente, às vezes doentiamente, a essa imagem aureolada e ilusória de si mesmo, numa completa simbiose mental entre a pessoa e a imagem.

Como se vê, não estamos falando aqui do verdadeiro *eu,* que é a consciência objetiva de minha própria identidade, mas de sua falsificação ou aparência, que é a que, normalmente, prevalece no ser humano. Por isso vai entre aspas ("eu").

* * *

Definitivamente, o "eu" é uma ilusão. É uma rede concêntrica feita de desejos, temores, ansiedades e obsessões. É um centro imaginário a que acoplamos e atribuímos, agregamos e referimos todas as vivências, tanto sensações como impressões, lembranças ou projetos.

O centro imaginário nasce e cresce e se alimenta com os desejos e, por sua vez, gera-os, como o óleo alimenta a chama da lamparina. Quando acaba o óleo, a chama se apaga; anulado o "eu" acabam os desejos, e, vice-versa, apagados os desejos, extingue-se o "eu". É a libertação absoluta.

O "eu" não existe como entidade estável, como substância permanente. Tem mil rostos, muda como as nuvens, sobe e baixa como as ondas, é mutável como a lua: de manhã está de cara alegre, ao meio-dia uma sombra cobre seu rosto, de tarde está festivo, horas mais tarde uma obscura preocupação insinua-se dentro dele.

O "eu" consta de uma série de *eus* que se renovam incessantemente e se sucedem uns aos outros. É só um processo mental que está constantemente em destruição ou construção. O "eu" não existe. É uma ilusão imaginária. É uma ficção que nos seduz e nos obriga a dobrar os joelhos e estender os braços para aderirmos a ela com todos os desejos. É como quem abraça uma sombra. Não é essência, mas paixão, acesa pelos desejos, temores e ansiedades. É uma mentira.

* * *

E essa mentira é a mãe fecunda de todos os males.

Exerce sobre as pessoas uma tirania obsessiva. Estão tristes porque sentem que sua imagem se desbotou. Dia e noite sonham e se cansam para dar um pouco mais de brilho a sua figura. Caminham de sobressalto em sobressalto, dançando alucinados em torno desse fogo fátuo. Nessa dança geral, conforme o ritmo e o vaivém desse fogo, as recordações os amarguram, as sombras os entristecem, as ansiedades os perturbam e as inquietações os pungem. Assim, o "eu" rouba-lhes a paz do coração e a alegria de viver.

O "eu", além disso, é um fratricida. Levanta muralhas intransponíveis entre irmãos e irmãs. Seu lema é: tudo para mim, nada para você. Ataca, fere e mata quem brilha mais do que ele. Por trás de todas as guerrilhas fraternas ondula sempre a bandeira e imagem do "eu". Em um parto noturno dá incessantemente à luz os frutos amargos da inveja, das vinganças, das rixas e divisões que assassinam o amor e semeiam a morte em toda parte.

O amor-próprio não quer perdoar; prefere a satisfação da vingança: uma loucura, porque só ele se queima.

As pessoas não se importam tanto de ter como de aparecer: interessa-lhes tudo que puder ressaltar a vã mentira de sua figura social. Por isso se matam pelos vestidos, automóveis, mansões, deslumbrantes festas da sociedade, aparecer na página social dos grandes jornais. Por tudo, enfim, que é aparência. É um mundo artificial que gira e regira em torno dessa borboleta sedutora e vã.

Enfim, o "eu" é uma quimera louca, um fogo fátuo, etiqueta e fantasia, uma vibração inútil que persegue e obsessiona. É um fluxo contínuo e não permanente de sensações e impressões, acopladas com um centro imaginário.

1.3 Apagar o fogo

A tranquilidade mental é um estado em que o homem deixa de se referir e de se agarrar a essa imagem ilusória. A libertação consiste em esvaziar a si mesmo, em extinguir a chama, em acordar e tomar consciência de que você estava abraçado com uma sombra quando se aferrava tão apaixonadamente ao "eu". Sim, é preciso despertar desse engano: o de supor que era real o que na verdade era irreal.

A tarefa da libertação consiste, portanto, em exercitar-se intensamente na prática do vazio mental, para se convencer experimentalmente de que o suposto "eu" não existe. Assim como a origem de toda dor está no erro de considerar a imagem do "eu" como entidade real, a libertação do sofrimento consiste em sair desse erro.

Desde esse momento, assim como os ramos caem com a árvore, assim como a chama se extingue com o óleo, uma vez degolado o "eu" estão cerceados os sentimentos que estavam grudados no centro imaginário.

Em outras palavras: extinto o "eu", apagam-se também aquelas emoções que eram, ao mesmo tempo, "mães" e "filhas" do "eu": temores, desejos, ansiedades, obsessões, prevenções, angústias... E, apagadas as chamas, nasce no interior um profundo descanso, uma grande serenidade.

Morre o "eu" com as suas aderências e nasce a liberdade.

Este programa é equivalente aos princípios evangélicos: negar a si mesmo; para viver é preciso morrer, como o grão de trigo; quem odeia a vida há de ganhá-la.

Chegou a hora, irmão: a hora de arejar as ficções e de se libertar das tiranias obsessivas, deitar-se em um canto e dormir. Dormir que é esquecer-se de você mesmo. Soltar ao vento os nomes, os pássaros e os lamentos; respirar como na primeira aurora do mundo; banhar-se nos vastos estuários da paz e repousar em verdes gramados.

De dentro da noite a luz levanta sua cabeleira de prata. Os campos estão grávidos. O tigre e o cordeiro convivem no mesmo covil e a criança brinca junto a um ninho de víboras. Bem-aventurados os pobres e os despossuídos de si mesmo, porque vão saborear o descanso e a paz.

Para obter esses frutos é preciso pagar um preço: o de se exercitar assídua e incansavelmente na prática do *vazio mental.*

1.4 Da pobreza à sabedoria

Quem se esvaziou de si mesmo é um sábio.

Se conseguíssemos esvaziar-nos de uma vez, voltaríamos à infância da humanidade.

Para o despojado não existe ridículo; viver é sonhar; o temor nunca vai bater a sua porta; as emergências não o assustam; não se importa com as opiniões sobre sua pessoa; a tristeza não pisa em seus confins.

Desaparecem os adjetivos possessivos "meu", "seu", e também os verbos *pertencer, possuir,* verbos que são fonte de fricções e conflitos, porque é o "eu" que estende, com seus longos braços, as cadeias apropriadoras das coisas, dos fatos, das pessoas.

Quem se esvazia de si mesmo experimenta a mesma sensação lenitiva de quando desaparece a febre alta: descanso e refrigério, justamente porque o "eu" é chama, fogo, febre, desejo, paixão.

Bem sabemos que o interior do homem é frequentemente morada ardente da dor. Que acontece se a casa está pegando fogo e você está dentro? Como escapar? Não é preciso fugir, nós sabemos como se apaga o fogo. Quem viu como o temor surge da paixão, sabe que a tranquilidade da mente se adquire apagando a paixão. Basta acordar, abrir os olhos, levantar a cabeça e tomar consciência de que você estava errado: estava supondo que era real o que, de fato, era irreal.

O que importa é parar a atividade da consciência ordinária, porque ela é uma atividade centralizada no "eu". Quando a mente age, tem que fazê-lo animando e gerando o "eu" egoísta. O qual, por sua vez, estende seus braços predadores (que são os desejos de possuir, a cobiça, a sede de glória) sobre objetivos-acontecimentos-pessoas, e é dessa apropriação que nascem os temores e sobressaltos. Quando se anula o curso da atividade mental, esse processo desaparece.

O vazio da mente instala o homem em um *mundo novo*, no mundo da realidade última, diferente do mundo das aparências em que normalmente nos movemos. Quem ama sua vida, há de perdê-la; quem a odeia, há de ganhá-la.

* * *

Nada que venha de fora, nada que venha de dentro consegue perturbar a serenidade do sábio. Como um furacão deixa igualzinho o penhasco, os desgostos também deixam o homem sábio impassível. É assim que ele se situa além dos vaivéns das emoções e das paixões.

A *presença de si* é perturbada normalmente pelos delírios do "eu". Mas, uma vez eliminado o "eu", o sábio adquire plena presença de si, e vai controlando tudo que faz, quando fala, reage, caminha.

Por esse sincero e espontâneo abandono de si mesmo e de suas coisas, o verdadeiro sábio, livre de todas as amarras apropriadoras do "eu", lança-se sem impedimentos no seio profundo da liberdade. Por isso, quando conseguiu experimentar o vazio mental, o sábio chega a viver livre de todo temor e permanece na estabilidade de quem está além de toda mudança.

Assim, o pobre e despojado, quando se sente desligado de si mesmo, vai entrando lentamente nas águas mornas da serenidade, humildade, objetividade, benignidade, compaixão e paz. Como se vê, já estamos no coração das bem-aventuranças.

O homem artificial, o que está submetido à tirania do "eu", está sempre voltado para fora, obcecado por *ficar bem*, por causar boa impressão, preocupado com "o que pensam de mim", "o que dizem de mim", e sofre e estremece no vaivém das mudanças. A vaidade e o egoísmo amarram o homem a uma existência dolorosa, fazendo-o escravo dos caprichos do "eu".

O homem sábio, ao invés, é um ser essencialmente *voltado para dentro*: como já se livrou da obsessão da imagem, porque se convenceu de que o "eu" não existe, não tem nenhuma preocupação com o que possam dizer de um "eu" que ele sabe que não existe. Vive desligado das preocupações artificiais, numa gostosa interioridade, silencioso, profundo e fecundo.

Movimenta-se no mundo das coisas e dos acontecimentos, mas sua morada está no reino da serenidade. Tem atividades exteriores, mas sua intimidade está instalada naquele fundo imutável que, sem possibilidade de mudança, dá origem a toda a sua atividade.

* * *

A cobra poderia injetar-lhe veneno, mas o sábio não teria febre.

Mas... é impossível. A cobra, que é a cólera, não pode atacar o sábio. Suas fontes profundas estão purificadas e a água que brota delas só pode ser pura. Sem poder nem propriedades, o sábio faz o caminho olhando-o todo com ternura e tratando todas as criaturas com respeito e veneração. A túnica que o reveste é a paciência, e suas águas nunca serão agitadas.

Não tem nada que defender. Não ameaça ninguém e por ninguém é ameaçado. Por isso, conta com a amizade de todos. Armas, para quê? Quem não tem e não quer ter nada, vai se perturbar com o quê? Por acaso a perturbação não é um exército que se levantou para defender as propriedades ameaçadas? Quem se desprendeu até dos escombros de si mesmo vai se perturbar com o quê? De que trincheiras poderão ameaçá-lo?

Não, definitivamente, o verdadeiro sábio não pode ser picado pela cobra.

1.5 Da sabedoria à pureza

Todos os pobres são sábios e só os pobres são sábios porque só eles olham o mundo com os olhos limpos, sem as interferências alucinantes do "eu". Os despojados estão purificados das escórias e do *smog* com que o "eu" contamina a interioridade. Os pobres são puros, e os puros, só eles, não só verão a Deus, mas também verão o mundo como ele é, sem deformá-lo com uma visão interesseira.

Todos os que agem sob os impulsos do "eu" contemplam a vida através do prisma de seus desejos ou medos. De uma ou de outra maneira, fazem passar tudo que é exterior por sua órbita pessoal, pesam-no na balança de seus interesses, envolvem-no com as roupas de seus desejos possessivos e o qualificam, rejeitam ou saboreiam de acordo com seus interesses pessoais.

É uma monstruosa deformação; simplesmente por olhar a realidade através de suas fantasias. É preciso salvar-se da tirania de si mesmo.

* * *

Seu vizinho e você são um caso especial: os dois pertencem a partidos políticos adversários e, por isso, existe há anos entre vocês uma inimizade mal dissimulada. Você acha medíocre tudo que é da casa vizinha, desde as plantas do jardim até o estilo arquitetônico da casa... não gosta de nada do que é dele, porque o enxerga através da antipatia.

Essa pessoa é francamente desagradável. É o que pensa todo mundo. Mas, para você, é um homem encantador. Por que esse contraste? Porque ele tem uma grande estima por você e não poupa elogios a você. E você o avalia através da emoção gratificante causada por essa estima.

Pelo contrário, fulano é uma pessoa objetivamente encantadora, e assim o reconhece a opinião pública. Mas, como acontece que ele tem pouca estima por você, você espalha aos quatro ventos que ele é um sujeito grosseiro, que sua mulher é vulgar e suas filhas não têm graça. Você o está vendo e julgando pela lente das suas antipatias.

* * *

Seus interesses levam-no a distorcer a face verdadeira da realidade. Você faz com que as coisas sejam como você deseja ou temem que sejam. Mas elas continuam a ser o que são; só um homem puro pode contemplá-las em sua essencial originalidade.

Enquanto você não for puro, não vai ver as coisas e as pessoas em si mesmas, mas através do medo ou da cobiça que lhe causam. Você as verá *apropriadoramente* ou *repulsivamente,* mas sempre deformadas.

É inútil. Enquanto você não se soltar dessa argola central em que engancha possessivamente todas as coisas, não vai ter olhos limpos para ver o mundo em sua primordial virgindade.

Quando sua atenção tiver sido purificada das contaminações do "eu", de seus delírios de grandeza e afãs de possuir, e você puder olhar como uma criança, então aos seus olhos tudo vai parecer prodigiosamente transparente e nítido: as rochas são fortes, a neve é branca, os regatos são claros. As rosas são perfumadas; o mar, amplo e profundo; o vizinho, simpático; a vizinha, doce e discreta; até os inimigos resplandecem de dons, viver é uma alegria. Tudo é bonito. Para os puros, tudo é puro.

1.6 Da morte ao amor

Com a supressão do "eu" conseguimos a tranquilidade da mente. Mas não basta. Precisamos dirigir as energias libertadas e cristalizálas no amor e na unidade. O Sermão da Montanha, em seus primeiros versículos, desenvolve o programa do *despojar-se*. E depois, nas afirmações decisivas, dá-nos o projeto do *dar-se*.

À única muralha de separação entre o outro e eu é o "eu". Quando se afirma em si mesmo e por si mesmo, o "eu" sente-se diferente e, de alguma maneira, separado do que não é ele. Dessa oposição nasce uma espécie de tensão ou dialética, acompanhada por um certo sentimento de inquietude. Definitivamente, produz-se algo como um conflito dualista, que desaparece quando a muralha é derrubada.

Enquanto o homem se sente ligado e abraçado a si mesmo, diferente e oposto aos outros, é automaticamente inseguro, porque está sozinho. Pelo contrário, quando se desliga de si mesmo e se deixa arrastar pela corrente universal, sente-se imerso na unidade com todos os seres, encontrando segurança e harmonia.

Já não existem o sujeito e o objeto como polos opostos; desaparece também a dicotomia eu-você, eu-mundo. Nesse momento, quando os seres vivos (e principalmente o homem) perdem seus contornos diferenciadores, o homem sente-se aparentado com todos os seres em sua realidade última e acaba por se instalar em uma comum-unidade com todos na mais entranhável fraternidade. É a experiência da unidade universal. *Que sejam um.*

É mais do que amor. No amor, uma pessoa ama outra pessoa. Mas nesta experiência os dois sujeitos acabam sentindo-se um *parte* do outro, como em uma *empatia cósmica*, até chegar a sentir as coisas do outro como se fossem próprias. É óbvio que nesse contexto não há lugar para rivalidades e invejas.

* * *

Quando o homem detém a atividade da consciência ordinária, não se produz um vazio "oco", mas a consciência faz-se presente em si mesma. Trata-se de uma presença vital da mente que transparece a si mesma, ou da presença vital da realidade da pessoa que se torna presente a si mesma. É a experiência da "insistência", isto é, minha realidade *está toda em si* e toda no universo: experimenta a si mesma nos outros e os outros em si mesma.

Por isso o sábio respeita tudo, venera tudo, de tal maneira que em seu interior não dá curso livre a atitudes possessivas ou agressivas. É sensível até sentir como seus os problemas alheios. Não julga, não pressupõe, nunca invade o santuário das intenções. Suas entranhas são tecidas de fibras delicadas, e seu estilo é sempre altamente cortês. Enfim, é capaz de tratar os outros com a mesma reverência e compreensão com que trata a si mesmo. Ama ao próximo como a si mesmo.

É capaz, além disso, de carregar nos ombros a dor da humanidade. Sofre como suas as chagas dos que sofrem. Tendo apagado a paixão do "eu", passou definitivamente a ter a com-paixão com o mundo.

* * *

Para conseguir essa libertação é preciso, em primeiro lugar, praticar intensiva e constantemente a *mente vazia*.

Em segundo lugar, é preciso que você viva acordado, atento a si mesmo. Através de uma constante introspecção-meditação-intuição você tem que descobrir que o "eu" (o falso eu) é a *raiz* de todas as suas desventuras, e precisa se convencer da falácia e inexistência dessa imagem ilusória de você mesmo.

Não dê satisfação a essa fera esfomeada. Quanto mais a alimentar, mais tirania exercerá sobre você. Se falam mal, não se defenda; deixe sangrar até o amor-próprio morrer. Não se justifique se os seus projetos não saíram como você esperava. Não dê entrada à autocompaixão, que é o bocado mais apetecido pelo "eu". Não busque elogios nem aberta nem disfarçadamente. Fuja sistematicamente dos aplausos. Não saboreie o êxito. Afugente, dentro de você, as recordações gostosas, que também são bocados gostosos para o "eu".

Se você for tirando o óleo, a lâmpada vai acabar apagando. Essa é a batalha da liberdade.

Lembre-se também das palavras de ordem que já repetimos tantas vezes: Não se iluda, o progresso vai ser sumamente lento. Vão passar anos até você poder saborear o fruto gostoso da libertação. E pelo caminho vai haver vacilações, retrocessos e desânimos. A natureza humana é assim. Comece aceitando-a como ela é.

2 Exercícios

2.1 O caminho para a liberdade

Muitos milhões de anos atrás, durante o período jurássico, chegaram ao pleno apogeu os gigantescos brontossauros que pesavam trinta toneladas e mediam vinte metros. Esses répteis, de pescoço comprido e cauda poderosa, moviam-se provavelmente com elegância dentro d'água, mas eram desajeitados na terra e consumiam grandes quantidades de energia para locomover seu corpo colossal.

A julgar pelos fósseis descobertos no Colorado, sua força bruta devia ser avassaladora, mas era dirigida por um cérebro minúsculo, que pesava meio quilo. A organização dos sinais recebidos por esse cérebro e as mensagens que precisava transmitir para manter as funções da imensa musculatura deviam ocupar grande parte dos seus escassos neurônios, deixando um espaço muito pequeno para as tarefas "inteligentes". E, assim, os brontossauros logo se extinguiram, devido, em grande parte, à limitação de suas faculdades "metais". Sua enorme força física não foi suficiente para sobreviverem na mudança do ambiente.

* * *

Embora nosso cérebro seja muito superior ao dos outros mamíferos e vertebrados, o controle sobre nós mesmos é sempre muito limitado. E é temível que forças imensas como as que o homem possui hoje estejam manipuladas por cérebros subdesenvolvidos; subdesenvolvidos pelo pouco controle que o homem ainda exerce sobre sua mente.

Já foi dito na ONU: uma vez que as guerras são preparadas na mente humana, aí é que tem que começar a construção da paz. Também foi dito ultimamente: "O maior problema do homem hoje em dia não é dominar o mundo físico, mas conhecer sua mente e controlar seu comportamento" (Beach). Senão, as forças enormes de que o homem dispõe poderiam arrastá-lo, quase inevitavelmente, para sua própria destruição.

Dizem os antropólogos, e em geral os paleontólogos, que no último milhão de anos foi dado quase um *salto* no planejamento cerebral. Isto é: Em comparação com evolução que a organização cerebral teve no período dos pré-hominídeos e antes, houve uma fantástica aceleração no último milhão de anos no que diz respeito ao desenvolvimento cerebral.

Segundo Ramón y Cajal, o conhecimento das bases físico-químicas da memória, dos sentimentos e da razão faria do homem o dono absoluto da criação, e sua obra mais transcendental seria a conquista do próprio cérebro. Essa afirmação não deixa de ter razão. Não obstante, de nenhuma maneira o estudo das funções cerebrais explica e esgota a complexidade das atividades mentais.

O caminho que leva à liberdade e à felicidade está eriçado de obstáculos, como vimos nas páginas anteriores. E nem sempre o domínio da estrutura e das funções cerebrais coincide com o progresso paralelo da liberdade.

Temos que perguntar se o homem moderno é ou não é vítima da angústia e do medo em grau maior ou menor do que o homem *sumério*, por exemplo, ou o próprio homem de Neanderthal. Ou se o professor de Harvard está mais perto ou mais longe da *paz* do que, por exemplo, o africano da tribo *zulu*.

É verdade que a ciência tem obtido progressos espetaculares: em um grupo de setenta pessoas que sofriam de angústia obsessiva, Grey Walter aplicou coagulações cuidadosamente dosadas, feitas por meio de eletrodos implantados nos lóbulos frontais, conseguindo a recuperação social de 85%.

Apesar disso, hoje em dia, a caminhada para a liberdade não está avançando paralelamente ao conhecimento científico. Pelo contrário, pelo que estamos comprovando, por mil estímulos que o homem recebe do exterior e também de seus mecanismos internos.

Qualquer coisa que for feita para limpar esses obstáculos tornará mais expedita a caminhada para a liberdade. E é isso que pretendemos com estes exercícios.

2.2 Relaxamento

É o cérebro que produz as correntes neuroelétricas e neuromagnéticas que vão se instalando nas diversas partes do corpo. Há umas zonas do corpo mais acumulativas que as outras. O efeito dessa acumulação é que o organismo pode carregar-se de uma alta voltagem elétrica e a pessoa ficar tensa.

Toda tensão é um esforço, e todo esforço é uma queima de energias. Essa queima pode ser útil ou inútil. Se a tensão for canalizada para a obtenção de algum grande propósito, o esforço é positivo. É lamentável quando se desperdiça inutilmente a energia. E isso pode ser não só um desperdício inútil, mas também nocivo.

É assim que encontramos pessoas que vivem dia e noite em um tenso estado geral, com o rosto crispado e a musculatura contraída, circunstâncias ideais para a produção dos estados obsessivos e angustiosos. A pessoa chega a sentir-se impotente, infeliz.

A desgraça maior é dispor de tempo e só poder ocupá-lo com a inquietude.

* * *

É evidente que as emoções fortes, como o temor, ou agentes externos, como os desafios, colocam o sistema neuromuscular em uma situação tensa que consome grandes energias. Quando são queimadas todas essas energias, o cérebro tem que acelerar a produção e daí vem a fadiga mental que, em outras palavras, constitui a debilidade mental. Como dissemos, esse é o terreno fértil para a ansiedade e a depressão.

Aqui, nós vamos inverter o processo. Procuraremos situar, por meio da concentração, as zonas crispadas, para soltá-las imediatamente pelo relaxamento. Isso nos fará poupar grandes doses de energia neuroelétrica: o cérebro não precisará trabalhar tanto e descansará.

Esse descanso vai originar bem depressa o fortalecimento que, em outras palavras, equivale a recuperar o domínio de si mesmo e a unidade interior. Nascerá o sossego, e moraremos outra vez na região do descanso e da paz.

Precisamos ter um quarto interior onde possamos recolher-nos quando for necessário; um quarto agradável, cheio de riquezas: serenidade, energias positivas, encanto de viver...

O domínio de si, a liberdade, não é um dom. É uma conquista.

Orientações:

1) No começo, convém praticar estes exercícios com uma certa rigidez. Mas, na medida em que se for progredindo, a própria prática dará à pessoa a sabedoria de realizá-los com espontaneidade criativa. Como a experiência é mestra da vida e cada pessoa experimenta um exercício de maneira diferente, é conveniente e lógico que cada pessoa vá fazendo suas adaptações, introduzindo variantes quanto ao tempo e outros aspectos.

2) O ideal é que cada pessoa experimente uma grande parte destes exercícios e vá ficando com os que derem melhores resultados, fazendo a sua própria síntese vital, um método prático para viver em serenidade.

3) Permitimo-nos lembrar o que foi dito no começo sobre a *paciência*:

- Se você quiser saborear o fruto da serenidade é imprescindível reordenar o programa de atividades e reservar espaços livres para fazer os exercícios todos os dias.
- Um mesmo exercício, feito em momentos diferentes, produz resultados diferentes em uma mesma pessoa.
- Os resultados não serão uniformes, mas imprevisíveis.
- Um mesmo exercício pode deixá-lo hoje mais relaxado e amanhã mais tenso.
- Quando você pensar que tudo vai bem, pode vir uma crise de angústia.
- O avanço vai ser lento e ziguezagueante.
- Em todo caso, vale a pena dedicar-se assídua e ordenadamente a estes exercícios, porque neles joga-se o problema da calma e da serenidade.

Soltar os freios. O relaxamento equivale ao princípio das molas: a mola esticada volta a sua posição original quando é solta. Se a gente esticar um músculo deixando-o tenso, quando ele for solto voltará ao estado normal, relaxado.

Esse trabalho de esticar e soltar pode ser feito consciente e voluntariamente. Quando houver dificuldade para relaxar é aconselhável levar os músculos à tensão máxima e soltá-los de uma só vez.

Mas pode acontecer que, sem percebermos, estejamos com a testa franzida, os ombros encolhidos e, em geral, todo o corpo tenso.

É como um automóvel andando com os freios presos. De fato, na sociedade tecnológica, a maioria das pessoas vive com os nervos freados: são as tensões musculares inconscientes.

* * *

É preciso soltar os freios e isso é muito fácil. Em primeiro lugar, acorde, tome consciência de que está com os freios apertados, isto é, que o seu sistema neuromuscular está crispado, apertado. Solte os freios todos de uma vez, de alto a baixo. Pense no seu coração e solte-o.

Essa operação tão simples pode ser feita numerosas vezes por dia, em qualquer momento, em qualquer lugar: ao parar em um semáforo, nas horas de trabalho, no metrô, quando chegar em casa, durante uma competição esportiva, numa entrevista importante, na cama, principalmente quando não se consegue dormir.

Cada um tem que ir se autoeducando progressivamente até chegar a um estado natural de descanso.

Estátua deitada. É um exercício simples em que a imaginação tem papel importante.

Você se deita na cama ou no chão, de costas, à vontade. Os braços largados ao longo do corpo, as mãos soltas.

Tranquilize-se o mais que puder. Assuma o controle de todo o seu ser, parte por parte: deixe cair as pálpebras, solte o queixo, reduza ao mínimo possível a atividade mental, respire fundo e tranquilo. Percorra com atenção todo o seu organismo. Se perceber que há alguma parte tensa, mande uma ordem para que ela se solte.

Imagine que é uma estátua deitada: sinta-se pesado como mármore, vazio de emoções e pensamentos como uma pedra. Sinta os braços sumamente pesados; também as pernas, depois todo o corpo. Esvazie-se de toda atividade mental. Com a simples percepção de si mesmo, sinta-se como uma estátua de pedra que não pensa, não imagina, não se emociona.

Fique assim um bom tempo. Volte ao estado normal lentamente, com movimentos suaves.

Relaxamento corporal. Este exercício traz os seguintes benefícios: a) relaxamento do corpo; b) exercício intenso da concentração ou autocontrole; c) superação da fadiga nervosa e, com o fortalecimento mental conseguido, maior domínio de si e unidade interior.

Esse exercício pode ser feito em um sofá cômodo ou deitado.

Sente-se corretamente: o corpo ereto; a cabeça também; os braços e as mãos caindo naturalmente sobre as pernas. Solte de uma só vez todo o organismo; respire sereno; inunde de tranquilidade o seu mundo interior e tome posse completa de si mesmo. Faça-se sensível e receptivo para com você mesmo, carinhoso e identificado com todo o seu corpo, parte por parte, à medida em que o for percorrendo. Mantenha quanto possível a sua mente vazia de toda imagem ou pensamento durante todo o exercício.

* * *

Instale-se você inteiro no braço direito. Percorra-o do ombro até a ponta dos dedos, devagar, sentindo-o. Sinta como ele está sensível, quente, vivo. Perceba também, se for possível, o movimento do sangue e das correntes nervosas.

Aperte fortemente os dedos, com movimentos variados e enérgicos, fechando o punho, e solte-os depois. Ao mover os dedos, perceba dentro do braço o movimento dos fios condutores da corrente neuroelétrica. Estique intensamente o braço diversas vezes, e depois solte-o. Finalmente, deixe-o repousar. Concentre-se nele; identifique-se com ele: "Este braço *é meu*". Sinta-o pesado, cada vez mais pesado...

Depois passe para o braço esquerdo e faça a mesma coisa.

Depois passe para a perna direita e faça o mesmo que com os braços. Reconheça-a como *sua*. Percorra-a desde o fêmur até a ponta dos dedos, percebendo como está sensível, quente. Aperte os dedos e solte-os. Sinta como, ao apertar os dedos, a musculatura da perna fica tensa. Levante-a um pouco e estique-a fortemente, depois deixe-a repousar diversas vezes. Quieto, concentre-se nela, sentindo-a como *sua*. Sinta-a pesada, cada vez mais pesada...

Faça o mesmo com a perna esquerda.

Sinta agora, de uma só vez, como as quatro extremidades estão distendidas, pesadas, descansadas.

Depois, concentre-se nos ombros. Tranquila, mas energicamente, estique os ombros em todas as direções, um para cima e outro para baixo. Pressione e solte toda a musculatura das costas diversas vezes. Encolha fortemente os ombros e deixe-os cair de uma vez.

Concentre-se agora na testa, zona em que transparecem as emoções. Franza e estique a pele diversas vezes, e depois solte-a até sentir que a testa está lisa, relaxada. Faça o mesmo com as pálpebras e com os músculos faciais. São zonas da expressão e, por isso, muito sensíveis.

Agora, feche os olhos serenamente. Concentre-se *inteirinho* nos olhos: são as estrelas do seu firmamento. Quieto, deixe cair as pálpebras, sinta-as pesadas. Depois, tranquilo e concentrado nos olhos, solte-os com carinho, afrouxe-os uma vez, outra, cada vez mais. Perceba-os pesados, como se você estivesse em sono profundo.

Finalmente, concentre-se na nuca. Flexione a cabeça, primeiro para frente, o mais para frente possível, sentindo os músculos que se soltam na nuca. Tudo feito com certa energia, mas com tranquilidade. Depois vire a cabeça da direita para a esquerda, e ao contrário, deixando-a cair suavemente, nessa rotação, o mais perto possível dos ombros. Finalmente, alterne os movimentos laterais da cabeça com os movimentos verticais. Sinta como se soltam os músculos do pescoço e dos ombros.

Para terminar, fique quieto longos minutos, imaginando o seu ser como um mar de calma. Seria maravilhoso que agora você se sentisse *dentro de si mesmo*, passivo, quieto, como que adormecido, por alguns minutos. Também seria estupendo se você chegasse a sentir como as correntes nervosas ou sanguíneas percorrem o seu corpo em diversas direções.

Relaxamento mental. É o exercício mais calmante. Está descrito no começo deste capítulo com o título: *vazio mental.*

A arte de sentir. Este exercício também é muito válido tanto para o relaxamento como para a concentração. Já explicamos longamente o fenômeno da dispersão mental: o indivíduo, agredido por dentro e por fora, acaba desagregando-se no meio de uma desordem interior. Sente-se transbordado pelos nervos e, como na desintegração do átomo, há nele uma perda inútil de energias. Mais cedo ou mais tarde essa pessoa terá fadiga nervosa.

É preciso parar. Deixar de pensar. Deixar de inquietar-se e dedicar-se à arte ou ao esporte de sentir, simplesmente perceber, não pensar. Os pensamentos dividem o homem, que acaba sentindo-se desassossegado e infeliz quando se vê incapaz de pôr em ordem seu tumulto interior.

No dia em que você estiver nesse estado, deixe tudo de lado e reserve um bom tempo para o esporte de *sentir*. É uma ginástica psíquica que lhe devolverá a serenidade e o domínio interior.

* * *

Coloque diante dos olhos uma planta doméstica. Concentre-se nela com calma e paz. Ela vai evocar lembranças e pensamentos. Não pense. Simplesmente olhe-a, acaricie-a com o olhar e sinta-se acariciado pelo seu verde. Mantenha-se aberto para a planta, entregue à sensação de sentir com os olhos o prazer de sua cor, de se congratular, com a consciência reflexa da sensação verde. Tudo isso sem nenhuma ansiedade, com naturalidade.

Coloque-se diante de uma paisagem com a mesma atitude. Receba-a inteira no seu interior, com prazer, com gratidão. O silêncio de uma noite estrelada, o céu azul, a variedade das nuvens, o frescor matinal, o rumor da brisa, a ondulação das colinas, a perspectiva dos horizontes, essa flor, aquela planta... Receba tudo parte por parte, *não atropeladamente*, no seu interior, com atenção tranquila, passiva, sem nenhuma pressa, sem esforço, sem pensar em nada, agradecido, feliz.

Coloque-se diante do mar. Esvazie-se de toda lembrança, imagem e pensamento, e receba o mar quase infinito nos seus horizontes internos, quase infinitos. Encha-se com a sua imensidão, sinta-se profundo como o mar, azul como o mar. Sinta-se admirado, descansado, vazio e cheio como o mar.

* * *

Depois, com os olhos fechados, dedique-se durante uns quinze minutos a sentir todos os ruídos do mundo, sem esforço nem reflexão. Capte receptivamente todos os ruídos, um por um, e depois solte-os, não deixe nenhum preso: os ruídos longínquos, os próximos, os suaves, os fortes, a flauta do passarinho, os gritos das crianças, o ladrar dos cachorros, o canto dos galos, o tique-taque do relógio... Sinta tudo com a alma aberta, com prazer, tranquilamente, sem pensar quem emite o som, como um *simples receptor*.

Se os ruídos forem estridentes ou desagradáveis, não resista, não se ponha na defensiva. Receba-os carinhosamente, ame-os, deixe-os entrar e acolha-os com um espírito agradecido, e verá como são seus "amigos".

Depois, passe para o tato. Desligue-se da vista e do ouvido, como se fosse cego e surdo.

Comece a apalpar suavemente, concentradamente, durante uns minutos, suas roupas e outros objetos, lisos ou ásperos, frios ou mornos. Não pense de que objeto se trata; perceba simplesmente a sensação. Faça isso concentrado, com prazer, sereno, vazio, receptivo, com a mente silenciada.

Depois desligue-se de todos os outros sentidos e dedique-se a sentir os diversos perfumes: das plantas, da flor, dos objetos, detidamente.

Faça a mesma coisa com o paladar, sentindo, por exemplo, o sabor da água pura.

Tudo isso tem que ser feito sem esforço, sem se contrair.

Com esses exercícios, conseguimos pôr em ordem o tumulto da mente, controlar a atividade mental, isto é, concentrar a atenção nas direções desejadas, obtendo alívio para o sistema nervoso. De fato, mesmo que você só tenha conseguido um pequeno resultado, vai ver como acabará saboreando a plácida sensação de descanso.

Você começou a salvar a si mesmo. Se continuar pacientemente nessa rota, as angústias vão desaparecer e você terá a suspirada serenidade.

2.3 Concentração ou autocontrole

Nossa atenção, reclamada por mil estímulos interiores e exteriores, dançando ao som de todos os ruídos e de todas as luzes, incapaz de se firmar durante alguns segundos em um ponto fixo, vai ser submetida agora onde nossa vontade determinar.

Embora os exercícios anteriores tenham sido e sejam mesmo uma ajuda preciosa para o autocontrole, as práticas que se seguem vão ajudar mais explicitamente.

A minha cabeça ferve, lamentam-se os nervosos. De fato, muita gente é incapaz de se deter em uma só coisa, seja uma ideia, uma flor ou uma melodia. Um tropel confuso de lembranças, imagens e sentimentos atravessa a sua mente, na mais completa desordem. Não sabem o que pensam, não sabem o que querem. Nos dias de repouso descansam menos que nos dias de trabalho, porque uma mistura anárquica de impressões e projetos domina-os por completo. Também não descansam quando dormem. Resultado? Estão sempre desassossegados e, principalmente, muito fatigados.

* * *

A essência da concentração consiste em *fazer o que estamos fazendo*, em eu estar *presente* no que faço. O importante é estabelecer um bom relacionamento entre nossa atenção e nossos atos. Como em geral não estamos presentes em nós mesmos, é por isso que os estímulos exteriores nos ferem, porque nos apanham desprevenidos, pois estávamos fora de casa.

Trata-se de prestar atenção a uma só coisa de cada vez. A atenção é a faculdade automática do sistema nervoso para calcular o que lhe interessa e deixar de lado o que não lhe interessa.

Quando seguimos diversas ideias, não simultâneas, mas entrecruzadas ou embaralhadas, e ao mesmo tempo sem poder soltarnos de outra ideia *parasita*, a fadiga é muito grande. Pelo contrário, quando seguimos uma ideia com exclusividade, ou só prestamos atenção no que estamos fazendo e esquecendo-nos do resto, então o cansaço é mínimo e o rendimento é máximo.

É isso que queremos conseguir com os seguintes exercícios:

Um passeio por nossos domínios. É um exercício de tipo mais imaginativo, e sua finalidade quase exclusiva é o autocontrole.

Você pode fazê-lo com os olhos abertos, fechados, ou entrefechados. Como sempre, a regra de ouro é suprimir a todo momento a atividade mental, e simplesmente perceber, com a mente vazia.

Depois da preparação prévia, como nos outros exercícios, concentre-se primeiramente em seus pés, sem olhá-los. Contemple-os imaginativamente com todos os detalhes, como se os estivesse televisionando ou fotografando: a forma em que estão, o contacto ou distância entre um e outro, a cor e desenho dos sapatos, a cor ou calor dos pés, se está frio o chão que tocam... Sinta tudo viva, detida e sensorialmente; sem tropel, uma sensação depois da outra, durante uns três ou quatro minutos.

Passe depois suavemente a atenção para as mãos, sem olhá-las. Contemple-as sensorialmente, como se as estivesse televisionando, em todos os seus detalhes: posição geral, se estão estendidas ou recolhidas, se estão quentes ou mornas, o contacto entre as duas.

Depois vá se concentrando dedo por dedo, meio minuto em cada dedo, começando pelo dedo mínimo da mão esquerda: se está separado ou em contacto com o outro dedo, recolhido, esticado, imaginando-os sensivelmente, detendo-se em cada detalhe.

Agora, delicadamente, fixe a atenção em seu *nariz*. Perceba o ar que entra e sai pelas fossas nasais. Como é sabido, o ar que sai é mais quente que o ar que entra. Perceba essa diferença, concentradamente, durante uns três ou quatro minutos.

Tire sua atenção daí, como serva obediente, e leve-a para seus *pulmões*. Quieto, concentrado, perceba durante alguns momentos o movimento pulmonar. Não pensar, não forçar, não imaginar esse movimento. Simplesmente senti-lo, segui-lo, como se você fosse um observador de si mesmo, com grande tranquilidade, como quem observa, sem refletir, a corrente de um riacho.

Sob o comando de sua vontade, retire daí a sua atenção e a estenda ao longo e ao largo do seu organismo. Com a maior tranquilidade, com a máxima quietude e concentração, fique alerta, vendo em que parte do seu corpo sente as batidas do coração. Onde as sentir (em último caso, no contacto com o pulso), *instale-se você mesmo* e fique absorto, "escutando" as batidas. Só sentir, sem pensar. Uns cinco minutos.

* * *

O essencial é que a atenção, em cada momento, esteja em um só ponto.

Evite ficar tenso durante o exercício, ou ter qualquer tipo de obsessão, principalmente nos primeiros passos.

Desperte e tome cuidado de deixar os músculos da testa e dos olhos desenrugados, evitando esse sintoma de preocupação e tensão psíquica. Solte-os e se soltará também a tensão interior.

Não desanime se sentir dificuldades no exercício.

Para eliminar a dor. Sim, entre os grandes poderes, nós temos também o de eliminar todas as dores nevrálgicas e de atenuar as orgânicas, através da concentração.

Sentado, sereno, depois de se relaxar, caminhe lentamente para o interior de si mesmo. Percorra o seu mundo interior e detecte um ponto em que estiver sentindo algum mal-estar. Pode ser em qualquer parte do corpo, mas suponhamos que tem uma dor na boca do estômago.

Tranquilize-se ao máximo. Concentre-se nesse ponto em que sente a dor. Com grande carinho, transmita a essa zona uma ordem usando uma destas palavras: *Acalme-se, descanse, durma.* Convém que seja uma só palavra. Absorto, concentrado, repita mentalmente, dirigida a esse ponto, a palavra escolhida, durante uns cinco minutos, com a maior ternura, como uma mãe com o seu filho pequenino.

É muito provável que a dor se dilua como por encanto, contanto que você o faça muito concentrado e relaxado.

Imagem e controle. Há movimentos involuntários, como os do coração, pulmões, intestinos... e movimentos voluntários: levanto o braço, flexiono o dedo, inclino a cabeça.

Este exercício consiste em fazer com que a consciência não só promova, mas também acompanhe o movimento voluntário; o movimento é *meu.*

Devagar, tranquilo, concentrado, faça os seguintes movimentos, acompanhando sempre cada movimento com a atenção: dobrar um dedo, depois outro, e outro. Movimentar o braço em diversas direções, flexionar o antebraço. Depois, levantar-se, pegar um objeto, deslocá-lo para outro lugar e voltar a sentar-se, seguindo conscientemente cada gesto.

Ao fechar a porta, abrir a torneira, pegar a colher, beber o copo de água, apanhar o objeto que caiu... ter a consciência explícita de que o eu está *presente*, de que são ações *minhas.*

Dar lentamente alguns passos e tomar consciência de todos os detalhes: o chão embaixo dos pés, o movimento dos braços, o ritmo dos pés...

* * *

Vamos controlar também a atividade dos olhos. Geralmente, os olhos passam por cima de tudo e não pousam em nada. Durante alguns minutos, dedique-se a manter a sua consciência em cima do que os olhos estão vendo: a andorinha, o gerânio, o porta-vasos, o automóvel, a cortina... chamando cada coisa pelo nome.

Faça o mesmo com o ouvido: cada ruído que captar, chame-o mentalmente pelo nome.

Com os olhos fechados ou entreabertos, dedique-se durante alguns minutos a desenhar no ar, com o dedo, diversos gráficos: um triângulo, um trevo, uma papoula... Depois retenha por um momento cada uma das figuras. Depois, ainda, trace com o dedo no vazio uma porção de números arábicos ou romanos, e depois represente-os mentalmente.

Você está em uma estrada reta e solitária: lá longe vem um automóvel, aproxima-se, passa diante de você, perde-se ao longe, até desaparecer de uma vez.

Você tem um objeto diante dos olhos. Olhe-o bem e grave os detalhes. Depois feche os olhos e represente mentalmente todos os detalhes. Repita este exercício com plantas, pessoas, animais domésticos...

Pegue na mão direita um livro, um lápis, um cinzeiro, concentradamente. Depois deixe-os em seu lugar. Agora, mentalmente, imagine que ainda tem o objeto na mão: sinta seu peso, forma, temperatura.

2.4 Técnicas de esquecimento

Já estudamos o flagelo das obsessões. No caminho da vida, a gente encontra pessoas que sofrem de complexos de culpa, de lembranças obsessivas, de fixações de todo tipo, temíveis fontes de tristeza e de angústia. A gente as aconselha a tentar tirar de suas mentes essas obsessões e sempre respondem: "Não posso". Há desgraça maior?

Não vão conseguir essa libertação sem mais nem menos. Precisarão exercitar-se pacientemente em práticas que as ajudem a obter o desejado domínio sobre a própria mente e o consequente descanso. Vamos apresentar algumas técnicas.

1. Pense em um desgosto de sua vida. Imagine que está passando por um campo verde. A uma certa altura, você arranca lá de dentro

o desgosto e o enterra embaixo de um metro de terra. Ficará lá para sempre.

2. Pense em outro desgosto que o obsessiona. Imagine que vai à praia. Lá está um anjo à sua espera, com uma barca. Tire de suas entranhas esse desgosto e coloque-o na barca. O anjo parte com a carga mar adentro, enquanto você fica na praia. O anjo continua a se afastar até o alto-mar, amarra uma pedra pesada no seu desgosto e o afunda. Ficou lá, sepultado para sempre na profundeza do mar.

3. Pense em outra lembrança desagradável. Acendemos uma fogueira no quintal e jogamos nela a lembrança, como se fosse um pedaço de carvão. Poucos minutos depois, o fogo transformou sua lembrança em uma fumacinha que vai subindo pelo céu até sumir. Minutos depois, o céu está azul.

4. Concentrado, com os olhos fechados, imagine que o número 1 está descendo pela sua garganta até o estômago, vindo a fixar-se na sua ponta direita. Depois desce o número 2 e se fixa junto do número 1. Depois o 3, o 4 e o 5. Coloque-se no meio. Depois desça o número 6, que se fixará à sua esquerda. Depois os outros números, até o 10 inclusive, que vão se fixando até a ponta esquerda. Agora, com toda a tranquilidade, vá tirando os números ímpares, começando da esquerda. Depois, os números pares. No fim, desaparece também você.

5. Coloque-se diante de quatro ou cinco objetos. Diga o seu nome em voz alta. Agora feche os olhos e, começando pelo último objeto, retire-os mentalmente um por um, jogando-os pelas suas costas. Diante de você não ficou nada. Coloque-os de novo mentalmente. E faça-os desaparecer mais uma vez.

6. Imagine três amigos em uma tela. Tire o primeiro, depois outro, e finalmente o último. Coloque-os outra vez na tela. Tire-os de novo. Pode repetir essa operação diversas vezes.

7. Pendure essa sua história dolorosa na parte traseira do último vagão de um trem. Dê partida no trem. Na medida em que ele for se afastando, a história irá ficando cada vez mais pequena. Pouco depois, diminua, quase imperceptível, até não se ver mais nada

dela, embora ainda dê para ver o trem que, finalmente, também desaparece.

2.5 Respiração

A aspiração é o primeiro ato de nossa vida, e a expiração, o último. Podemos passar diversos dias sem comer, mas não sem respirar. O oxigênio é o elemento essencial de nossas células. O coração e o cérebro são os órgãos que mais oxigênio consomem.

Uma respiração insuficiente acumula muitos tóxicos no organismo. O estado de tensão, nervosismo e mau humor em que muita gente vive é devido, em parte, a uma deficiente irrigação. Normalmente, as pessoas que passam a vida em escritórios, oficinas, etc., têm uma respiração deficiente.

* * *

Os estados anímicos influem decisivamente na respiração. Quando a pessoa está tranquila, sua respiração é agradável. Quando está agitada psíquica ou fisicamente, sua respiração torna-se irregular. Podemos afirmar, portanto, que a respiração é o espelho dos estados interiores. Por conseguinte, também é correta a conclusão inversa: se as tensões interiores repercutem na respiração, controlando a respiração podemos influir e modificar os estados interiores.

O pulmão é como um fole que se abre e fecha no ritmo da respiração. Mas se, devido a estados emotivos ou outros fatores, a respiração é mais curta, o fole só se abre um terço ou um quarto de sua capacidade normal; isto é, o pulmão só funciona em sua parte inferior.

Das funções fisiológicas autônomas, a única sobre a qual podemos exercer algum controle é a respiração: temos a possibilidade de abrir ao máximo as dobras do fole. Na inspiração normal inalamos meio litro de ar. Na inspiração profunda podemos inalar mais de dois litros de ar.

* * *

A respiração não deve ser forçada, mas calma. Os que forçam a respiração levantam os braços e contraem o tórax, o queixo e o pescoço. Essa costuma ser a respiração dos nervosos: respirar com a parte superior do peito, dilatando e contraindo a caixa torácica. É assim que a gente costuma respirar depois de um grande esforço físico. E os nervosos respiram dessa maneira sempre.

O correto é o contrário: o essencial é estar completamente relaxado, e expirar a fundo. Depois, sem forçar nada, os pulmões vão se encher de ar por si mesmos.

A respiração tem que ser nasal, principalmente a aspiração, porque é no nariz que se filtra e que se esquenta o ar antes de chegar aos pulmões. A expiração, entretanto, poderia ser feita com a boca entreaberta. Cada pessoa deve descobrir o que é melhor para ela.

O nariz é como o funil de um sistema de arejamento. O ar é aspirado pela cavidade faríngea, que atua sobre o ar como um aspirador.

Respiração abdominal. Em poucas palavras, trata-se do seguinte: Enchem-se o abdome e os pulmões simultaneamente. Esvaziam-se os pulmões ao mesmo tempo em que se esvazia o abdome. É a respiração mais relaxada: traz sossego e serenidade. Deve ser uma respiração lenta, suave, silenciosa, sumamente tranquila e nunca forçada.

O movimento é feito principalmente na região inferior à caixa torácica. Por esse movimento, o diafragma faz uma massagem sobre o abdome, cujos músculos se soltam.

* * *

Sentado confortavelmente em um sofá, depois de ter expulsado todo o ar dos pulmões com uma forte expiração de boca aberta, comece a fase da aspiração dilatando em primeiro lugar o abdome, depois a parte inferior do peito e depois a parte superior, o máximo que for possível, acompanhando com atenção esse movimento (que é quase simultâneo entre o abdome e os pulmões). Não é preciso levantar os ombros (gesto que denotaria alguma tensão); a coluna vertebral se endireita e a cabeça fica ereta.

Agora começa a fase expiratória, contraindo o abdome (que foi o primeiro a se dilatar) para terminar na parte superior do tórax. Expulsa-se completamente o ar viciado, contraindo fortemente, lenta e continuamente, os músculos do baixo ventre. A massa abdominal deve ser empurrada para o diafragma que, ao mesmo tempo, se eleva. Mantém-se a contração uns dois segundos. Depois deixa-se que os músculos se relaxem suavemente e que o abdome volte a seu estado normal. E se começa de novo a aspirar.

Deve dirigir-se a atenção *para o ar* que é sentido, acompanhado, dirigido. É uma respiração sentida, consciente e concentrada. Por isso mesmo, podemos afirmar que se trata de um excelente exercício de concentração.

Deve ser evitada qualquer violência. Entretanto, é difícil evitar que se produza um certo estado de tensão ou obsessão, principalmente no começo. Depois de um treinamento assíduo, a pessoa começará a sentir o apaziguamento e a calma.

Para os efeitos que queremos alcançar com este livro, a respiração mais adequada é a abdominal.

O exercício pode ser feito sentado, deitado ou em pé.

Respiração torácica. Embora insistamos que a respiração abdominal é a mais calmante e psiquicamente mais benéfica, vamos apresentar outras maneiras de respirar, dado o pluralismo e variedade de efeitos nas diversas pessoas.

A torácica é a respiração dos atletas e, em geral, de todos os que fazem um grande esforço físico. Consiste nisto: à medida em que se enchem os pulmões, afunda-se o abdome; na medida em que se esvaziam os pulmões, dilata-se o abdome.

Respiração alternada. Apertar o orifício direito do nariz com o polegar da mão direita, aspirando pelo lado esquerdo. Expirar pelo lado direito enquanto se fecha o lado esquerdo com o indicador da mesma mão. Depois, aspirar pelo lado direito e expirar pelo esquerdo; e assim alternadamente, o mais lentamente possível, tudo na maior calma, sem ansiedade. Nunca mais do que dez respirações.

Respiração rítmica. Não se deve esquecer de que a expiração é sempre mais lenta do que a aspiração. É frequente encontrar pessoas cuja expiração dura o dobro do tempo, e até mais, do que a aspiração.

Cada indivíduo tem seu ritmo respiratório. Suponhamos que em seu ritmo respiratório a aspiração dura três segundos e a expiração, cinco. Nesse caso, a *respiração alternada* é feita assim: aspira-se durante três segundos e se segura os pulmões cheios durante dois segundos; expira-se durante cinco segundos e se segura os pulmões vazios dois segundos, e assim por diante, mantendo sempre essa cadência. Com o tempo, pode experimentar-se outro ritmo mais lento.

Os exercícios respiratórios podem ser contraproducentes se não forem feitos com calma e tranquilidade. E nunca se deve passar de três minutos.

3 Relativizar

3.1 A comédia do mundo passa

O homem saiu de madrugada. Cavalgando sobre brancas nuvens, enfrentou mil aventuras e foi até o miolo de sonoros combates, entre loucuras, sonhos e ouro.

Alta noite, as estrelas lá longe. Avançou por uma alameda de estandartes até o dossel escarlate, até o trono de ouro. Coroa, louros e glória!

Destrancou fechaduras de metal, desfez correntes, recolheu os ossos dos heróis, enfrentou feras e aos seus pés jaziam carvalhos e combatentes.

Centauros corriam à sua frente e seus pés deixavam, ao passar, esteiras de chamas, enquanto devolvia os galés a suas casas e os cativos à própria pátria.

Passou como um relâmpago de justiça por tronos e tribunais e por todos os estrados imperiais, enquanto calhaus, granito, sílex e quartzo rolavam exangues para dentro dos montões de neve.

Depois de ter sulcado mares e estrelas em seu batel de espumas, em cuja proa lia-se *Renome*, e depois de fazer curvarem-se cabeças coroadas, voltou o herói a seu ponto de partida, às praias de areia, algas e resíduos.

Voltou e acordou.

Comecei este parágrafo com essa fantasia porque as duas figuras mais solitárias da literatura castelhana, Segismundo e Alonso Quijano (Don Quixote), foram dois homens que despertaram depois de ter representado a comédia da vida por entre sonhos, loucuras e fantasias.

> Sumi, sombras que fingis
> hoje para meus sentidos mortos
> corpo e voz, quando na verdade
> não tendes voz nem corpo;
> eu não quero majestades
> fingidas, pompas eu não quero
> fantásticas, ilusões
> que ao sopro menos ligeiro
> da aura hão de desmanchar-se;
> assim como a amendoeira florida
> que, madrugando suas flores
> sem aviso e sem conselho,
> ao primeiro sopro apagam-se,
> murchando e ofuscando-se
> beleza, luz e ornamento
> de seus rosados botões.
>
> *(La vida es sueño* III, 3)

Esta é a pergunta-chave: onde está a objetividade, onde está a aparência? O que é sonho, o que é realidade?

A grande fraude da humanidade é viver sonhando, concedendo alegremente foros de objetividade ao que, na realidade, é sombra; chamando de verdade a mentira, e o embuste de veracidade. E as pessoas entram em cena, representam seus papéis, e os espectadores batem palmas. Mas também os espectadores representam, sabendo que todos enganam a todos; e quem não entra na representação cai no ridículo e acompanha a farândola pelas sendas da arte e da comédia.

Tudo isso pode parecer literatura. Mas não é; é a verdade nua e crua como uma pedra.

3.2 A tirania da imagem

O cenário é dominado por uma efígie, ídolo de luz que seduz e cativa, e que, ao mesmo tempo, é pólvora acesa que estoura rivalidades e inflama guerras. Na fivela de sua cintura lê-se: *Aparência*.

E a aparência está movendo as molas invisíveis e mais profundas do coração humano. Qual seria o seu nome técnico? O *"eu" social?* Pode ser. De qualquer jeito, ela é, certamente, a filha primogênita e legítima daquele "eu" falso de que já falamos.

É uma deusa caprichosa que reclama a devoção dos ofuscados mortais; e estes a ela se entregam incondicionalmente, içam a bandeira, tocam a trombeta e dobram os joelhos. Não há tirania pior.

E aqui estamos com os valores invertidos: no trono do *ser* (verdade) senta-se a aparência. E chamam a aparência de verdade.

* * *

As pessoas sofrem aflições e mais aflições. Não tanto por ter (e muito menos por *ser),* mas por aparecer, por se exibir, caminhando sempre por rotas artificiais. Matam-se para estar vestidos sempre de acordo com a moda. Não lhes interessa tanto uma casa confortável como uma casa vistosa, situada numa zona residencial que dê destaque, mesmo que tenham que viver carregados de dívidas durante anos. Sua única obsessão é *ficar bem* e causar boa impressão. Essa é a fonte profunda da preocupação e do sofrimento.

É preciso acordar uma porção de vezes, tomar consciência de estar sofrendo por um fogo fátuo, livrar-se dessas tiranias e deixar-se levar por critérios de veracidade. Essa é a estrada da salvação.

Na atividade profissional, nos afazeres políticos, as pessoas sofrem porque se encarapitam nas alturas. Despreza-se a velhice e as pessoas se submetem a qualquer sacrifício para dissimular a passagem dos anos; idolatra-se a juventude, como se devesse ser eterna, esquecendo-se de que a primavera vai acabar também para os jovens. É um jogo de aparências.

Para conquistar lugares, tanto nas cortes como nas cúrias, incentivam rivalidades, passam rasteiras, armam jogos sutis nos bastidores para derrubar um e fazer subir o outro. Como se sofre! É a obsessão invencível do poder e da glória.

É claro que é legítimo e sadio o desejo de triunfar e de se sentir realizado. Mas por triunfar quase nunca se entende o fato de ser produtivo e de se sentir intimamente contente, mas o fato de projetar uma figura socialmente aclamada.

E não se pense que tudo isso é privilégio exclusivo dos poderosos da terra. Também entre os humildes acontece o mesmo, ainda que em tom menor. Basta observar as sociedades de amigos do bairro, as pequenas comunidades, grupos de trabalhadores para ver aparecerem bem depressa as rivalidades para ocupar cargos; por trás dos cargos, tremula sempre a bandeira da imagem.

Os artificiais vivem sem alegria. O caminho da alegria tem que passar pelo meridiano da objetividade e da veracidade. O coração humano tende a ser, frequente e conaturalmente, fictício. É preciso renunciar às loucas quimeras e buscar a libertação pelo caminho da verdade.

3.3 Por que o sofrimento cresce

Vamos usar a palavra *relativizar*. Só que é uma palavra ambígua. Muitos têm a impressão de que, quando relativizamos, estamos encobrindo ou disfarçando alguma coisa. O que diríamos de quem põe óculos azuis para enxergar azul o crepúsculo? É preciso fazer justamente o contrário: tirar os óculos e as máscaras para ver as coisas como são, para reduzi-las a suas exatas dimensões. Relativizar é o mesmo que *tornar objetivo.*

* * *

Nossa tendência é revestir de valor absoluto o que nos está acontecendo no momento, devido à natureza da mente humana e também a nossa maneira de experimentar a realidade.

A maneira de experimentar as coisas é a seguinte: quando sentimos uma emoção, quando "vivemos" um fato é tal a identificação que acontece entre essa vivência e a pessoa, que uma absorve a outra a ponto de a pessoa ficar com a impressão de que nesse momento não existe nenhuma outra realidade a não ser a referida vivência.

E como a pessoa não tem distância ou perspectiva para apreciar objetivamente a dimensão do que está vivendo, porque a vivência é demasiado imediata e a envolve completamente, e por isso a absolutiza, tem a sensação de que o que está acontecendo no momento tem um valor desmesurado, por causa da proximidade e da falta de termos de comparação, de que o mundo esteja reduzido *àquilo* e de que será sempre assim. Consequentemente, entra em jogo também o conceito de tempo.

Por isso, a pessoa se enche de angústia, sentindo-se tomada, dominada inteiramente por aquela sensação.

A isso chamamos de *absolutizar*: a sensação de que não existe outra realidade a não ser a que estamos vivendo, e de que vai ser assim para sempre. Diante desse absolutizar, proponho o relativizar; colocar os acontecimentos em sua devida dimensão e perspectiva. Propomos essa relativização como um dos meios mais eficazes para aliviar o sofrimento.

3.4 Impermanência e transitoriedade

São as leis fundamentais do universo. Tudo muda, nada permanece. Por que angustiar-se?

Você perdeu a pessoa mais querida do mundo em um acidente mortal. Nesse dia, a luz se apagou e as estrelas desapareceram. Para que continuar vivendo? Era o abismo, o vazio, o nada. Passaram dias, e sua alma não amanhecia. Passaram meses, e você começou a respirar. Passou um ano, e a lembrança do ser querido começou a se apagar. Depois de três anos, desapareceu tudo: vazio, ausência, pena, recordações. Tudo é tão relativo!

Existe a lei da insignificância humana. Suponhamos que você é uma personalidade em evidência. Dá impressão de que é insubstituível no círculo familiar, na organização sindical, no mundo da política. E chegou a sua hora de partir deste mundo. As pessoas repetem a frase gasta: uma perda irreparável. Poucos dias ou poucas semanas depois, entretanto, já estão preenchidos todos os vazios que você deixou. Tudo continua funcionando como se não tivesse acontecido nada. É tudo tão relativo!

Na cidade em que você vive havia cinquenta anos atrás uma geração de homens e de mulheres que sofriam, choravam, riam, amavam-se, odiavam-se; delírios de felicidade, noites de angústia, êxtase e agonia... Vinte e cinco anos depois já não sobrava nada de toda aquela tremenda carga humana. Tudo tinha sido sepultado na cripta do silêncio... Em sua cidade havia uma nova geração de homens e de mulheres que também se amavam, se casavam, se angustiavam; outras lágrimas, risadas, alegrias, ódios... Que é que resta disso tudo agora? Absolutamente nada. Hoje é outra geração de homens e de mulheres (com você no meio) que vive em sua cidade: preocupam-se, lutam, exaltam-se, deprimem-se; medo, euforia, noites de insônia, tentativas de suicídio... Daqui a vinte e cinco anos, ou menos, não vai sobrar mais nada disso tudo, como se nem tivesse existido. Tudo é tão relativo!

Se você pensasse um pouco na relatividade das coisas quando está angustiado e dominado pela impressão de que esse desgosto é a única coisa que existe no mundo, que alívio não seria para o seu coração!

* * *

Você abre o jornal de manhã e fica esmagado pelas coisas que aconteceram na sua cidade e nos outros lugares do mundo. No dia seguinte, também o abalam as notícias sobre assassínios e sequestros. As notícias do dia anterior já foram esquecidas, já não existem para você. No terceiro dia, a imprensa conta novos terrores, que tornam a abalá-lo profundamente. Mas as notícias dos dias anteriores se apagaram. Ninguém se lembra delas. E assim dia após dia. Tudo flui como as águas de um rio, que passam e não voltam mais.

Em resumo, aqui não fica nada, tudo *passa*. Absolutizamos os acontecimentos de cada dia, de cada instante, mas comprovamos tantas vezes que tudo é relativo... Que sentido tem sofrer hoje por alguma coisa que amanhã já *não existirá?* As pessoas sofrem por causa de sua miopia, ou melhor, porque estão dormindo.

Aplique esta reflexão a sua vida familiar e vai ver que aquela terrível emergência familiar do mês passado já passou para a história; e que o susto que está dominando você hoje daqui a um mês vai ser só lembrança.

Sentado na frente do televisor, você vibra ou se deprime por causa das mudanças políticas, dos torneios atléticos, das marcas olímpicas, dos novos campeões nacionais, enquanto os seus estados de ânimo sobem e descem como se a cada momento estivesse sendo jogado o seu destino eterno. Mas não há nada disso: tudo é tão efêmero como o orvalho da manhã. Nada permanece, tudo *passa*. Por que preocupar-se?

Tudo é inconsistente como uma vara de bambu, mutável como a rosa dos ventos, passageiro como as aves, como as nuvens. Relativizar!, eis o segredo: reduzir tudo a suas dimensões objetivas.

* * *

O que acontece no mundo e ao seu redor está marcado pelo signo da transitoriedade. Na história, tudo aparece, resplandece e desaparece. Nasce e morre, vem e vai.

Estamos no finalzinho do século XX, um século que carrega consigo uma carga de sangue, fogo, destruição, paixões, ambições, lágrimas, gritos e morte: duas guerras apocalípticas, indescritíveis, com centenas de outros conflitos e guerras, mortíferos como nunca. Milhões de mortos, milhões de mutilados, aldeias arrasadas, cidades incendiadas, reinos milenares apagados do mapa para sempre... Europa, outrora poderoso continente, dessangrada, desorientada... é provável que nunca se tenha sofrido tanto. Este século, com sua infinita carga vital, vai sumir daqui a pouco, e para sempre, no abismo do que já não existe.

Com o século, vai acabar também o milênio. Meu Deus, que vibração sideral nos últimos mil anos. Quantos mundos emergiram e submergiram! O império e o pontificado, reinos sem conta; catedrais, universidades, Renascimento, guerras religiosas, descobrimentos, continentes novos, absolutismos, tiranias, democracias, artes e ciências... O pulso do milênio vai parar. Bem depressa, a noite vai cobri-lo com sua mortalha de silêncio para submergi-lo no profundo, no escuro seio do que já passou, no oceano do impermanente e do transitório.

* * *

As ilusões do "eu" e os sentidos exteriores apresentam-nos como real o que na realidade é ficção.

Soe o toque do clarim, desperte o sentido, ponha-se de pé o homem para começar o êxodo. É preciso sair, sair do erro e da tristeza; o erro de crer que a aparência é verdade e da tristeza que o homem tem quando palpa e comprova que o que julgava realidade não passava de sombra vazia.

É preciso tomar consciência da relatividade dos desgostos, para poupar energias para voar e passar por cima das emergências assustadoras, instalando-se no fundo imutável da presença de si, do autocontrole e da serenidade. A partir dessa posição, avaliar melhor o peso da existência, as amarras do tempo e do espaço, a ameaça da morte, os impactos que o homem recebe de longe ou de perto.

A vida é movimento e combate. É preciso combater. O mundo foi dado ao homem para ser um lar feliz. As armas para esta tarefa são paixão e paz. Mas estas forças invalidam o homem na guerra civil e inútil que lhe é declarada pela angústia.

Para que o homem possa dispor da *paixão* e da *paz* necessárias para levantar um mundo de amor, suas entranhas devem estar livres de tensões e banhadas em serenidade.

Sempre que o leitor surpreender a si mesmo dominado por um acontecimento que se está transformando em angústia, pare e ponha em funcionamento esta molazinha de ouro: relativizar.

4 Desapegar-se

Quando abre os olhos, o homem encontra fundamentalmente duas coisas: ele mesmo e o que não é ele. Como entidade livre e consciente que é, começa a relacionar-se consigo mesmo e com o *outro*.

Quando se relaciona encontra elementos que o agradam e que o desagradam, tanto em si mesmo como nos outros. De acordo com esse agrado ou desagrado, o homem pode estabelecer dois tipos de relação: adesão ou rejeição.

Para com as coisas agradáveis, pode nascer-lhe o desejo de posse, o que acontece com frequência. Nesse caso, estende para elas uma ponte de energias adesivas. Produz-se uma apropriação ou *apego*. Assim, com tudo que o agrada, pode estabelecer-se um vínculo emotivo de posse, um desejo vivo de apropriar-se, uma tendência a agarrar os desejos com as "mãos".

Pois bem, se as coisas agradáveis que já possui ou de que deseja apropriar-se são ameaçadas (sente que pode perdê-las ou que vão impedi-lo de se apropriar), nasce o temor. Isto é, ele libera uma determinada quantidade de energia mental para reter aquela realidade agradável que está escapando ou para defendê-la dos eventuais usurpadores.

Às coisas que lhe são desagradáveis resiste transmitindo uma descarga emocional. E então aparecem os sentimentos negativos, como a repulsa, o ódio, etc.

No meio dessas reações-relações há um denominador comum que sustenta o andaime: apegar-se e desapegar-se. Nesses níveis subjaz a verdadeira fonte de sofrimento e também a chave definitiva de libertação.

4.1 Os mecanismos de apropriação

Apoderar-se é uma ação mais enérgica do que, por exemplo, aceitar. É um ato de pegar. Podemos pegar as rédeas do cavalo ou o volante do automóvel. Podemos pegar o punho da espada ou a chave de partida do motor para pô-lo em movimento. Nesses casos, agarramos com as mãos.

Mas também podemos falar de apoderar-nos, quando entra em jogo a interioridade, toda a pessoa: podemos apoderar-nos de uma ideia, do prestígio pessoal, de um projeto, de uma pessoa ou de nós mesmos. As mãos com que nos apoderamos de nós são as energias mentais e afetivas. Também poderíamos usar outros verbos, como *apropriar-se*, etc.

* * *

O mundo é falaz. Quando dizemos falaz referimo-nos a uma verdade aparente. E a verdade aparente, no fundo, é sempre uma mentira. O mundo, em sua falácia, acha que um homem é tanto mais *senhor* quanto mais propriedades possui.

De fato, se um sujeito possui duas fazendas, quatro casas e três automóveis, pode exercer em todos esses "territórios" o seu senhorio. Quanto mais territórios tiver, mais senhor será. Até aí funciona a verdade aparente. Mas a verdade de fundo é outra e contrária: quanto mais propriedades tem, mais amarrado está o dono, mais preso; porque se estabelece um laço de pertença e de posse, um vínculo afetivo e, às vezes, jurídico entre o dono e sua propriedade.

Em outras palavras: o proprietário vai se perturbar. E na perturbação soltam-se as rédeas das forças ocultas e retidas que lutam para defender a cidade sitiada. Propriedade e guerra são, portanto, a mesma coisa. Na perturbação campeiam, em confuso tropel, o medo, a violência, a incerteza, a ansiedade.

E, por esse caminho, a apropriação torna-se uma das principais fontes do sofrimento.

* * *

O dono pode estar vinculado à propriedade por meio de um nexo jurídico que, inclusive, pode ser um documento público inscrito no registro civil. Mas, mesmo sem ser proprietário nesse sentido jurídico, o homem pode sê-lo de uma maneira mais sutil e consequentemente mais perigosa, estabelecendo um vínculo afetivo de apropriação com diferentes situações, coisas e pessoas.

Passando pelos acontecimentos e as criaturas, o homem pode lançar tentáculos em todas as direções, agarrando hoje o prestígio, amanhã a beleza e depois o êxito.

Os apegos podem ser revestidos de mil cores diferentes: o homem deseja desassossegadamente que o projeto atinja o ponto máximo, que aquela pessoa aceite sua opinião, pretende conquistar o afeto de tal outra pessoa, que fulano morra, que sicrano desapareça, que beltrano fracasse, que o Oriente perca e o Ocidente ganhe, que seu time seja campeão, que os sequestradores sejam condenados à prisão perpétua, que sua ação tenha grande êxito e ele seja aceito e aplaudido, que todos prejudiquem fulano, que sicrano perca as eleições. Rejeita os acontecimentos transmitidos pelos meios de comunicação ou aceita-os apaixonadamente, no vaivém de seus interesses.

Assim vive o "proprietário", preso a tudo com laços ardentes. Os laços transformam-se em correntes e a vida em dura prisão. A todo momento, quando pressente que suas coisas acorrentadas vão ser ameaçadas, caem sobre ele as trevas do temor, domina-o a ansiedade e a paz foge de seus domínios como pomba assustada.

De fato, o desejo de apropriação passa rapidamente a medo de não poder possuir o objeto desejado, diante dos eventuais competidores ou usurpadores que possam entrar em disputa. E o temor, reiteramos, é um detonador que desencadeia energias tanto ofensivas como defensivas, para a conquista ou a defesa. Por isso, o temor é guerra. E também é fogo.

Pior: qualquer coisa, pessoa ou situação a que o homem se apegue possessivamente passa a ser sua "dona", isto é, o "proprietário" fica preso e dominado por ela. De fato, quando o homem consegue agarrar alguma coisa, esta transforma-se ao mesmo tempo em despojo de guerra e em conquistadora; porque causa espanto ver como as posses absorvem e assediam os pobres seres humanos, convertendo-os frequentemente em marionetes ou bonecos ridículos.

Um homem cheio de "posses" vive no meio de delírios. Minimiza ou supervaloriza os acontecimentos ou as coisas de acordo com seus desejos ou temores. Um homem assim é um ser adormecido. E o homem adormecido não pode ver as coisas como são, porque as reveste de seus pensamentos e as vê à luz de suas ficções e não em si mesmas.

Esse véu através do qual enxerga a realidade, deformando-a, origina suas ansiedades e inseguranças. Ele é um *alienado* da realidade real: projeta seus sentimentos nos objetos e é dominado por esses mesmos objetos, que estão carregados de seus sentimentos.

Por isso, o homem adormecido leva uma vida fragmentária, ansiosa e infeliz, porque, insistimos, vive revestindo a realidade com os seus próprios desejos inconscientes e seus impulsos desconhecidos. Grande parte do que considera real não passa de uma enfiada de ficções que sua mente constrói e projeta. De alguma maneira, as situações-pessoas-coisas são valorizadas na medida em que o homem descobre nelas ele mesmo os seus interesses. Quase poderíamos falar de um *narcisismo cósmico*.

4.2 Só os "pobres" podem amar

No estado de sono, suspende-se a consciência, mas em cada caso de emergência (um tremor, um incêndio) ela é rapidamente recuperada. Pelo contrário, em caso de loucura, a consciência da realidade exterior não só está ausente, mas não pode ser recuperada em casos de emergência.

Como dizíamos, a consciência de muitas pessoas é feita de ficções e fantasias, e elas não têm consciência da *realidade*. Pois bem, o que acontece quando a pessoa recupera a consciência de alguma coisa de que até então não tinha consciência? Simplesmente se abre ao conhecimento do caráter fictício e irreal de sua *consciência normal*, isto é, percebe que estava *alienado*. Acorda: entra em contacto com o mundo verdadeiro, porque antes estava adormecido, alheio à realidade.

Podemos concluir, portanto, que o sofrimento é uma pequena alienação. Ou, em outras palavras, quando nos alienamos, sofremos. Ou sofremos porque nos alienamos. De alguma maneira, todo sofrimento é filho da ficção e da mentira.

Se o proprietário jurídico, ou emotivo, desfaz o vínculo e se solta de uma propriedade, vai sentir-se mais livre. Se se desvincula de duas propriedades, sentirá uma dupla corrente de liberdade. Se renunciasse afetivamente a todas as apropriações, seria o homem mais livre do mundo. Abre-se diante de nossos olhos o caminho real da libertação, o atalho do desapego efetivo.

O desapegado "retira-se", em certo sentido, corta o laço que vincula seu pensamento com os objetos percebidos pelos sentidos. Adquire assim o desprendimento ou liberdade diante do mundo exterior. O resultado é que não fica perturbado pela percepção das coisas ou por sua lembrança, nem ameaçado pelos acontecimentos presentes ou passados. O desapegado já se instala definitivamente na região da serenidade.

* * *

Para que um navio mercante, amarrado com grossos cabos a um dique, possa sulcar os mares, é preciso soltar antes as amarras. Para que o homem se sinta livre e cheio de vida, tem que renunciar, soltar os tentáculos apropriadores. É verdade: temos que lutar para colocar em pé um mundo mais humano, mas também temos que lutar sem escravidões interiores, com paixão e com paz.

Desapegar-se equivale a tratar a si mesmo e ao mundo com uma atitude apreciativa e reverente, não malbaratar energias, caminhar na direção da ausência de temor e da segurança interior, marchar incessantemente da servidão para a liberdade. E liberdade quer dizer dar livre curso a todos os impulsos criadores e benevolentes que jazem no fundo do homem.

São os des-possuídos e os des-apegados de si mesmos que entram em contato com a verdade. São eles, os *pobres*, os sábios, os acordados, os que renunciaram às ficções egolátricas que possuirão o reino da serenidade.

Acordar, de alguma forma, é deixar de sofrer.

Quando se tira o véu e se soltam as amarras, as faculdades mentais começam a funcionar sem inquietude, com prazer. Quando a pessoa se des-apega, não se altera a sua atividade, mas sim o seu tom interior, o clima geral.

Quando o homem fica solto, apodera-se imediatamente de todo o seu ser uma grande liberdade, e ele se sintoniza facilmente com a realidade e percebe toda a sua plenitude. Não só percebe objetivamente o mundo, mas também entra na corrente unitária, no *reino do amor*.

Em outras palavras: quando deixa de agarrar-se a si mesmo, adquire essa formidável faculdade de *receptividade* ou *acolhida*.

Como o coração vazio não abriga nenhuma ambição nem alimenta interesses sobre as criaturas. Primeiramente, contempla-as em sua essencial virgindade: a rosa é fragrante; Antônio é simples, as nuvens são benéficas; o projeto não teve êxito; a atuação de fulano foi notável... E, em segundo lugar, estabelece-se uma profunda corrente de unidade e de amor entre os seres e o desapegado. Pobre e vazio, ele oferece um amplíssimo espaço livre em que, em um grande movimento de retorno, as criaturas regressam e são acolhidas numa gozosa unidade. Onde há pobreza, há amor.

4.3 Tudo é bom

As estrelas são um incêndio, mas, de longe, parecem tão frias e silenciosas. É sua lei. Na galharada à margem dos rios, quando vem a primavera, os rouxinóis cantam de dia e de noite. É sua lei.

O vale fica coberto de neve no inverno, de flores na primavera e de frutos no outono. No tempo do degelo, o rio sai do leito, inunda os vales e arrasta consigo casas, animais e pessoas para o seio da morte. *É* sua lei.

O gavião alimenta-se caçando com suas garras poderosas os passarinhos e os pintinhos incautos do quintal. É sua lei. A brisa é fresca; o vento do norte é frio; o suão é quente. É sua lei.

As vacas pastam mansamente no campo e os lobos devoram os cordeiros. O furacão semeou ruínas. O raio matou diversas ovelhas, o pastor e seu cão. É sua lei.

As aves voam, as cobras rastejam, o inverno é frio e o verão é ardente; os seres vivos nascem, crescem e morrem. Na primavera chegam as andorinhas, que no outono se vão. É sua lei.

* * *

Respeitar as leis do mundo, não se irritar contra elas, entrar em seu curso com prazer e mansidão, não ser inimigo de nada, deixar que as coisas sejam o que são, não pretender dobrar sua vontade, *deixar que as coisas passem ao seu lado*, sem mudar seu rumo. Esse é o segredo da paz.

Viver!, que é mergulhar na grande corrente da vida, participar de certa forma do pulsar do mundo, olhar tudo com veneração, tratar com ternura todas as criaturas de Deus, sentir gratidão e reverência por tudo.

Quando o coração do homem se tiver desprendido de todas as suas cargas e posses, e tiver renunciado à cobiça de possuir, quando se tiver purificado de tudo que envenena as fontes da existência, nesse dia teremos voltado à primeira aurora, em que *tudo era bom*.

Quando o coração é luz, tudo se veste de luz. Das altas montanhas não descem águas turvas, mas transparentes.

A vida nasce, brilha e se apaga. Está bem. A dor física é o alarma da doença. Está bem! Quantas vezes uma sacudida forte na própria história serviu para corrigir erros e levar aos rumos verdadeiros. Está bem!

A não ser em casos excepcionais, todos têm reta intenção. O instinto primário do coração humano é o de agradar, e sua tendência natural a da autenticidade. Viver é um privilégio, e a existência é uma festa. Tudo é bom.

4

Assumir

*"Jesus entende perfeitamente
que não se trata apenas de libertar
os homens do pecado
e de suas consequências...
deve-se libertar
a dor pela dor,
assumindo a cruz
e convertendo-a
em fonte de vida pascal."*

Puebla, 278

1 Supro o que falta

"Que significam meus sofrimentos? Para que servem?" Essa é a grande pergunta, formulada por Jó, caído em fossa profunda. É a pergunta – o grito, lamento – mais imemorial do velho coração humano.

Voltando atrás pelos trilhos da história e chegando às civilizações que quase se perdem na idade da pedra, constatamos que a primeira inquietude que agitou o coração humano foi essa pergunta. Os sumérios primeiro, e depois os assírios, os egípcios e os caldeus, envolveram e personificaram as divindades no conflito eterno entre o bem e o mal.

Não há pessoa, hoje em dia, que, imersa nas chamas do sofrimento, não faça explícita ou confusamente, e com caráter de rebeldia, essa mesma pergunta: *Para quê?*

O drama não está em sofrer, mas em sofrer inutilmente. Uma dupla finalidade pode dar à pessoa que sofre uma gratificação tão grande que a dor acabe perdendo parcial ou completamente sua garra e estigma, chegando até a transformar-se em fonte de satisfação e de alegria.

É o caso da mãe. A mulher, diz o Senhor, sofre apertos e chega ao espasmo quando dá à luz, mas sabe que é o preço de uma vida. Quando pega o filho nos braços, a dor transforma-se em uma imensa alegria. As ciências humanas acrescentam que, quanto mais angustioso o transe de dar à luz, mais amado será o fruto dessa dor.

É muito diferente o caso de um soldado ferido no caso de uma guerra absurda. O soldado, abandonado, vai se esvaindo lentamente, enquanto a terra vai absorvendo em silêncio o seu sangue, inutilmente. Pode-se imaginar cena mais dramática?

O problema, portanto, está no sofrer sem sentido. E esse sem sentido provoca as rebeldias, às vezes chegando ao desespero. Há pessoas que se fecham e reagem cegamente no meio de um ressentimento total e estéril em que acabam por se queimar de uma vez.

* * *

Tudo que tratamos neste livro até agora pode ser resumido nessa pergunta: Que *fazemos* com a dor? E respondemos: *eliminamos.*

As *ciências do homem* também procuraram sempre, a começar pela medicina, o mesmo objetivo. Mas até agora, incluindo as ciências abstratas, pelo menos em suas aplicações, fazem projetos e programas para afastar ou neutralizar esse convidado de pedra que nunca falta no banquete da vida, o sofrimento.

Também nós, nas páginas anteriores, pesquisamos nas águas profundas do mar humano. Depois de ter tocado as cordas mais sensíveis e de ter posto o dedo nas chagas mais vivas, encontramos os mananciais profundos de onde brota a água amarga do sofrimento humano. Ao longo do caminho, fomos colocando nas mãos do leitor receitas e "ervas medicinais" com que pudesse, sozinho, amainar ou acabar de uma vez com todo e qualquer sofrimento.

Mas, neste capítulo, a pergunta é outra: Para que a dor? Para que serve? Qual o seu sentido? E a resposta, por certo, será a receita mais libertadora: mas com a condição de ter e viver uma fé sólida.

* * *

Vamos entrar no vale da fé. Tudo que expusemos e propusemos nas páginas anteriores, uma vez que nos movemos em nível puramente humano, pode servir de orientação para os que não têm fé ou a têm fraca. Certamente também para os que a têm robusta. Mas o horizonte que vamos abrir será compreensível, e principalmente libertador, só para as pessoas que *vivem* vigorosamente o dom da fé.

A viga mestra que resume, sustenta e dá firmeza a tudo que vamos expor são as palavras de São Paulo: "Supro em minha carne o que falta aos sofrimentos de Cristo por seu Corpo, que é a Igreja".

E também as palavras de João Paulo II: "Todo homem tem sua participação na redenção. Cada um é chamado também a participar nesse sofrimento mediante o qual todo sofrimento humano também foi redimido. Levando a cabo a redenção pelo sofrimento, Cristo elevou ao mesmo tempo o sofrimento humano ao nível de redenção. Por conseguinte, todo homem, em seu sofrimento, também pode ser participante do sofrimento redentor de Cristo" (*Salvifici doloris* 19).

* * *

Há outras fontes de dor, é óbvio, diferentes das que expusemos até aqui, como guerras, epidemias, opressão, fome... Nós, até agora, abordamos apenas os sofrimentos intrapessoais, por assim dizer, aquelas atribulações que o leitor pode atenuar e mesmo suprimir por si mesmo e com as receitas indicadas.

Neste capítulo abrimo-nos, como Cristo, para a universalidade da dor humana. Jesus Cristo, efetivamente, por sua morte assumiu e se fez solidário de toda aflição humana. Sua abertura foi planetária.

Vai chegar a hora, e já chegou, em que o fiel, seguindo os rumos do Mestre, já não se preocupará só com as suas pequenas feridas, mas estenderá suas asas para abraçar, acolher e fazer suas as chagas da humanidade doente, em um movimento solidário e universal.

2 Queixas e perguntas

Antes de voltar à terra de liberdade em que nos propusemos instalar-nos – o sentido salvífico do sofrimento – dispomo-nos a levar a cabo uma peregrinação pelos montes escarpados da Bíblia.

A Bíblia é um território atravessado por contrastes: vida e morte, lamentação e exaltação percorrem seus atalhos, às vezes alternadamente, frequentemente em confuso tropel. Podemos acrescentar: nenhum outro livro sagrado está tão marcado quanto a Bíblia pelas cicatrizes de um sofrimento multiforme, silencioso e geralmente queixoso. A qualquer hora, em qualquer canto, ressoam acres e amargos os *por que, para que, até quando?* Rebeldia? Simples lamentação?

Suas páginas são cruzadas por diversas figuras doloridas, quase patéticas. E, por meio delas, o livro aborda o mistério da dor, sem solucioná-lo satisfatoriamente, embora nos ofereça vislumbres de solução. No fim, a cruz dar-nos-á a solução completa.

* * *

Jó, personagem histórica, legendária ou figura literária, é o arquétipo que a Bíblia nos apresenta do varão justo visitado e dobrado pela desgraça.

De entrada, encontramos Jó nadando em riquezas e com uma excelente imagem social: um *varão justo*. Esse prestígio era devido em parte às riquezas de Jó, que eram consideradas como um sinal da predileção divina: por ser justo, Deus o cobre de bens, e por nadar em abundância, Jó bendiz a Deus. Uma reciprocidade benevolente.

Mas nasce e começa a correr no meio do povo que a vida reta de Jó pode ser interesseira. Será que Jó bendiria a Deus se ele o despojasse de suas riquezas? E o varão justo foi submetido a prova.

Começando pela periferia, inicia-se em torno a sua pessoa, passo a passo, um progressivo e implacável despojamento: os golpes começam a cair em seus campos e rebanhos. Jó não muda e continua bendizendo a Deus. O cerco avança para o centro e se aperta, com facadas à esquerda e à direita, ferindo seus criados, filhos, filhas, esposa. Jó continua íntegro. Comenta-se na aldeia: não quebra porque sua pessoa foi respeitada, vamos ver o que acontece quando for tocada a sua pele.

Num assalto noturno e final, a doença chega finalmente ao coração da fortaleza: a lepra acaba transformando o pobre Jó em um montão de lixo. Ferido de morte, cercado de silêncio e solidão, o varão justo debate-se em uma agonia que, além de cruel, é injusta. Era demais. Ultrapassados todos os limites da resistência humana, Jó estoura, finalmente, em uma série de imprecações contra a própria vida e em queixas e perguntas a Deus.

* * *

Chegam alguns amigos para consolá-lo, e procuram fazê-lo filosofando. É um esforço de justificar o sofrimento. Dizem: no funcionamento correto da lei moral, uma vida reta tem que receber recompensa, e a transgressão da lei merece castigo. "Os que aram a iniquidade e semeiam a desventura, colhem-na". Por isso o pecado merece o castigo do sofrimento.

Como se vê, trata-se de uma transposição mitigada do *olho por olho e dente por dente*, instinto humano gravado a fogo nas entranhas da humanidade e superado na montanha das bem-aventuranças.

É impressionante perceber que, apesar de tantos séculos de cristianismo, as pessoas, quase unanimemente, ainda hoje em dia, reagem diante da dor como os amigos de Jó. Que é que eu fiz para Deus me castigar desse jeito? É difícil, quase impossível fazê-los deixar de lado a ideia de castigo quando são vítimas da desgraça.

* * *

As explicações dos amigos, em vez de aliviar Jó, afundam-no na última confusão: o absurdo. Se fazer o bem tem que ser premiado e a transgressão tem que ser castigada, Deus entrou em contradição quando inundou de calamidades um homem santo. É injusto.

A essas alturas, o sofrimento de Jó não é a destruição de seus rebanhos, nem a morte de todos os seus familiares, nem mesmo a doença, mas o absurdo, ou melhor, a perplexidade ao querer explicar a injustiça de Deus, a quem Jó acusa de abuso do poder e de contradizer a si mesmo, destruindo a própria obra. Nesse momento, o sofrimento toca o fundo, e o barco faz água por todos os lados. Estamos diante do mal "teológico".

Emaranhado, sem saída possível e sem saber que responder aos amigos, o santo homem remete a Deus o questionamento e o desafia a esclarecer o enigma.

E Deus fala, mas não aceita as acusações nem responde às perguntas. Toma a iniciativa e contra-ataca com novas perguntas. Com essa inesperada "saída" de Deus vão a pique todos os princípios dos amigos em que Jó já estava enredado: pecado-sofrimento, boa conduta-recompensa.

E não é que com essa dialética Deus procure escapar das perguntas, porque utiliza uma original pedagogia: arranca o pobre homem da falácia em que os amigos o tinham afundado, levanta-o acima das reações humanas, descreve-lhe os prodígios e maravilhas da criação, obra de poder e de amor, e acaba dizendo que, aconteça o que acontecer, nesse esplendor ele está presente, cuida do homem e o ama, e que, no fim, não se chega a Deus entendendo, mas adorando, e que quando se adora todos os enigmas são esclarecidos.

Numa comovedora reação final, Jó já não reclama mais de suas desgraças nem faz perguntas, nem defende a própria inocência.

Fica em silêncio, dobra os joelhos e se prostra no chão até encostar a testa no pó, e adora:

> Reconheço que tudo podes
> e que nenhum de teus desígnios fica frustrado. Sou aquele
> que denegriu teus desígnios,
> com palavras sem sentido.
> Falei de coisas que não entendia,
> de maravilhas que me ultrapassam.
> Conhecia-te só de ouvido,
> mas agora viram-te meus olhos:
> por isso, retrato-me
> e faço penitência no pó e na cinza.
> (Jó 42,1-6)

Está claro: adorando, entende-se. Quando os joelhos se dobram, o coração se inclina, a mente se cala diante de enigmas que nos ultrapassam definitivamente e então as rebeldias são levadas pelo vento, as angústias se evaporam e a paz enche todos os espaços.

É verdade, vai ser difícil achar outra terapia tão libertadora como a adoração para vencer com serenidade e por cima as contrariedades e golpes da vida. Mas isso, naturalmente, pressupõe uma vida autêntica de fé.

3 O servo sofredor

Podia ter nascido no penhasco do Gólgota ou na Montanha das Bem-aventuranças. Colocou mel onde havia fel, e tinha o corpo coberto de papoulas vermelhas. Venceu as forças selvagens que semeiam ventos de guerra e prendeu o ódio na argola da mansidão para sempre. Foi pelos mercados e pelas praças recolhendo os gritos para tecer com eles um hino de silêncio. Foi grande na fraqueza e abriu para a humanidade trilhas inéditas de paz, que nunca vão ser esquecidas.

Figura enigmática e cativante essa do Servo de Javé. Se não estivéssemos tão familiarizados com o Quarto Canto (Is 53), parecernos-ia assombrosa e quase incompreensível, no contexto do Antigo

Testamento, essa figura do justo sofredor, portador de todas as chagas humanas. Lendo a narração da Paixão, temos a impressão de estar acompanhando, passo a passo, a narração do Quarto Canto.

Para algumas interpretações, o Servo seria uma personificação de Israel sofredor, cativo em Babilônia. Para outros, o Servo designaria o profeta que escreve, também ele exilado junto aos rios de Babilônia.

Deixemos de lado essas interpretações, e perguntemo-nos qual a missão do Servo e qual o sentido de seu sofrimento, porque pode abrir perspectivas luminosas para o cristão que sofre.

3.1 Lutador político

O Servo sofre, em primeiro lugar, por causa de sua *mensagem profética*. O destino do profeta é um fardo pesado; a responsabilidade supera suas forças. Deus lhe revela as palavras que ardem como brasas em seus ossos; não pode deixar de proclamá-las, mas sabendo que vão acarretar ódios, e que logo vai sentir ao seu lado as armas dos poderosos, suas intrigas, mentiras e provocações.

Já no Primeiro Canto, quando o Senhor faz a apresentação de seu Servo, revela-nos as primeiras pinceladas de sua figura, características de personalidade que prefiguram o *homem novo* do Sermão da Montanha. Com isso já nos está sendo claramente indicado que os caracteres dessa luta serão muito diferentes dos de qualquer outra, social ou política, e não menos eficazes. "Pus meu espírito sobre ele, ele trará o julgamento às nações. Ele não clamará, não levantará a voz, não fará ouvir a sua voz nas ruas; não quebrará a cana esmagada, não apagará a torcida bruxuleante. Não vacilará nem desacorçoará até que se estabeleça o julgamento na terra" (Is 42,1-4).

Já se passaram muitos anos no fragor do combate pela justiça e pelos direitos de Javé e os do povo.

O Servo evoca momentos dramáticos em que não deixamos de escutar os ecos das torturas, a música dos açoites e outros meios de silenciar a voz do profeta. Vemos, por outro lado, como o Servo combina e maneja habilmente o binômio sagrado: contemplação e luta. "O Senhor Javé abriu-me os ouvidos e eu não fui rebelde, não recuei. Ofereci o dorso aos que me feriam e a face aos que me arrancavam os fios de barba; não ocultei o rosto às injúrias e aos escarros. O Senhor Javé virá em meu socorro, eis por que não me sinto humilhado, eis por que fiz do meu rosto uma pederneira e tenho a certeza de que não ficarei confundido" (Is 50,5-7).

* * *

Homem de barro, apesar de tudo, e frágil como toda carne humana, o Servo sucumbe mais de uma vez diante da inutilidade e esterilidade de sua luta: os poderosos parecem invencíveis. O desânimo toma posse de sua alma, quando contempla os ricos cada dia mais ricos e os pobres cada vez mais humilhados, os instalados cada vez mais firmes e prepotentes em seus lugares enquanto os marginalizados se perdem, cada vez mais afastados, no silêncio e no esquecimento. "Mas eu disse: Foi em vão que me fatiguei, debalde, inutilmente gastei minhas forças" (Is 49,4).

É esse um momento perigoso para o profeta. Se não se refugiar na solidão para estar com o Senhor e assim dominar o próprio ânimo, os poderosos bem depressa vão acabar derrubando a machadadas a fortaleza do profeta. Temos que pensar em Elias perseguido (1Rs 18,10), em Miqueias esbofeteado (1Rs 22,24), em Isaías enganado (Is 28,7-13), em Urias justiçado (Jr 26,20-23), na multiforme paixão de Jeremias (Jr 19,1-20.26.28.29;34,1-7).

> O que mais irrita a polícia é um cristão revolucionário que continua rezando a sério. E o que mais alegria lhe proporciona é que o cristão revolucionário deixe de crer ou, ao menos, de rezar (J.M. Gonzalez Ruiz).

> Quando um cristão deixa de rezar, seu compromisso não é mais do que o compromisso de um lutador a mais na linha

do político. E com esse tipo de lutadores a polícia dos opressores já sabe como tem que se comportar, porque suas armas e procedimentos são perfeitamente controláveis. O que é mau para as forças de opressão é quando têm que se haver com um cristão deveras, com um homem cuja fé constitui a essência de sua vida, com um contemplativo e um místico. Porque o mais certo é que, nesse caso, a polícia tenha a impressão de estar enfrentando um inimigo original e desconcertantemente diferente de todos os outros. É até possível que a polícia tenha a impressão que tiveram os inimigos de Paulo e os próprios inimigos de Jesus.

Quando um sistema político afirma que quer estar em bom relacionamento com a Igreja, e quando ainda sobra muito de religião no povo, é profundamente perigoso desfraldar a bandeira da contestação se o contestatário não se apresentar como um crente que é capaz de orar, e que de fato reza tanto ou mais que o mais valente defensor do sistema estabelecido. Porque se o contestatário não for homem de oração, será simplesmente acusado de revolucionário e desestimado sem mais delongas; seu fim será a cadeia, como se se tratasse de um processo político qualquer. Entretanto, há um testemunho desconcertante quando o contestatário é também um contemplativo. Porque então todo mundo intui que ele não pretende derrubar um sistema para levantar outro. Isto é, sua intenção não é formalmente política, porque está acima de toda política e vai além de todas as políticas deste mundo.

Precisamos recuperar urgentemente a oração. Não porque estejamos cansados de luta e a ponto de ceder em nossos propósitos, mas porque queremos lutar de outra maneira: a partir do Evangelho e com o espírito de Jesus. Para dizer ao mundo que, se lutamos, não é porque trocamos o homem por Cristo, mas porque amamos tanto o homem que estamos persuadidos de que não podemos atingi-lo plenamente a não ser através de Cristo. E se é verdade que isso vai supor muitas vezes enfrentamentos e contradições, não é menos certo de que provocará e exigirá, com o mesmo direito, oração, Eucaristia e deserto.

Quando um cristão reza muito e se compromete pouco, é uma pessoa alienada pela piedade religiosa. Mas quando se compromete muito e não sabe rezar nem lhe sobra tempo para isso, então eu pergunto: Que alternativa realmente cristã nós os crentes temos para oferecer quanto à maneira de entender a vida, as questões fundamentais da existência e a maneira de os homens se situarem na sociedade?

Decididamente, se o testemunho dos cristãos também não for testemunho de oração, será um testemunho que pouco terá a dizer ao mundo. Mais, será que não chegou a hora de dizer a este mundo que o nosso estilo é um estilo diferente, o estilo que procede da prece e se expressa não só pelo compromisso, mas também pela contemplação? (CASTILLO, J.M. *La alternativa Cristiana*. Salamanca: Sígueme 1980, p. 223-225).

3.2 No lugar de outros

O sofrimento do Servo faz-nos pensar às vezes em alguma doença que tivesse assolado, triturado e deformado sua aparência. Apareceu diante de nós como uma raiz raquítica. Levantamos o olhar e, francamente, não se podia olhar para ele: o mal tinha arado os contornos de sua figura. Era um daqueles diante de quem a gente vira o rosto instintivamente, não querendo mais lembrar (Is 53,2-4).

Também temos a impressão de que o Servo tenha sido submetido a um julgamento sumário, ou melhor, a um simulacro de processo, e executado. Cingiram-no com o cinturão da opressão e da ignomínia e ele baixou a cabeça e não abriu a boca. Era como um cordeiro manso levado ao matadouro; ele não entendia nada e não se escutou nenhuma queixa sua. Caíram como lobos em cima dele, prenderam-no e o levaram ao tribunal. Depois de uma paródia de julgamento, lançaram-no ignominiosamente no lugar dos mortos. Ninguém se importou com nada, ninguém se preocupou com ele (Is 53,7-9).

O Quarto Canto parece um drama sacro, em que atuam o narrador e o coro, isto é, o povo, que é espectador e participante do drama. E o povo, como um coro grego, abre a cortina e mostra-nos o mistério central do drama, que é o seguinte:

O sofrimento do Servo, apesar de, à primeira vista, ter sido causado pelos homens, em última análise tem por causa última o próprio Deus. Assim o confessa e proclama o povo, surpreendido pela comoção e o arrependimento, enquanto vai comentando em voz baixa: "O Senhor carregou sobre ele todos os nossos crimes" (53,6).

Portanto, Deus *quis* o martírio do Servo. O Senhor permite (conduz) o desencadeamento, aparentemente fortuito, dos acontecimentos, que a um olhar superficial são manipulados pelos homens e às vezes de maneira iníqua: mas por trás da tramoia está o "plano de Deus" (53,10), que "prospera" mediante o sofrimento do Servo, suportado por ele com mansidão e paz.

Como o anúncio (e denúncia) da Palavra, também o sofrimento é parte constitutiva, por vontade de Deus, da missão salvífica e do destino do Servo.

No Quarto Canto há outro aspecto, até agora inédito e surpreendente, quase "revolucionário" e digno de nota. É o seguinte: deixando de lado a vontade do Senhor que conduz o drama, o martírio do Servo é consequência dos pecados alheios. Efetivamente, o Servo é vítima de "nossos exageros"; foi triturado como a uva no lagar, "por nossas apostasias"; o próprio Senhor descarregou sobre seus ombros "todos os nossos crimes"; foi flechado e ferido de morte pelos delitos de "seu" povo (53,5.6.8). Portanto, foram os excessos do povo que causaram seu martírio.

Com essa apreciação, já estamos em ligação com outro conceito que tem fronteira comum com o anterior: o Servo está sofrendo *em vez* dos outros. Ele, por sua parte, é inocente e puro, como o lírio dos campos; só merece benevolência e predileção. Mas, por desígnio do Senhor, o Servo ficou no lugar dos pecadores e assumiu o sofrimento que, com justiça, deveria cair sobre eles. "Por seus suplícios, meu Servo justificará a muitos, e suportará as culpas deles" (53,11).

Com seu martírio, preserva os outros dos castigos que mereciam. Como se vê, no fundo palpita ainda a correlação entre pecado e sofrimento dos amigos de Jó.

* * *

Dá para perceber que está brotando aqui a árvore da *solidariedade*, o tecido interno do Corpo Místico, que na mente de Paulo receberá asas e há de adquirir o desenvolvimento completo. É uma árvore estranha, quase diríamos silvestre, e inteiramente desconhecida em outras religiões.

Em um primeiro impulso, o senso comum se rebela e grita: É injusto. Por que hei de pagar eu os desvios dos outros? É que, escondida por entre as pregas mais secretas do coração, pulsa uma *vocação de solidariedade*, instintiva e conatural, para com a humanidade sofredora e pecadora. Mais adiante vamos desenvolver essa ideia.

Isaías foi o primeiro a entrar nessa zona, um dos recantos mais misteriosos do coração humano, e a indicar a função substitutiva e solidária do Senhor através do martírio.

* * *

Mas há muito mais. As ideias continuam avançando audazmente e internando-se, passo a passo, nas planícies do Novo Testamento.

Os sofrimentos do Servo não são apenas solidários e substitutivos, são também *causa de salvação* para os outros. No cenário do drama, o povo, sempre comovido e reverente, e dessa vez também agradecido, proclama: "O castigo para *nossa* salvação recaiu sobre ele, e suas cicatrizes *nos* curaram" (Is 53,10). Teríamos que estudar o significado e o alcance dessa *salvação*; mas, em todo caso, o conceito está nitidamente afirmado.

Misteriosamente, o Servo não acaba na sepultura e no esquecimento eterno, mas há uma "ressurreição", descrita pelo profeta com alto voo poético. Em outras palavras, os sofrimentos tiveram também para o Servo um significado e uma eficácia *salvífica*. O Senhor olhou com carinho e agrado o "seu triturado" (53,10). Por trás de sua paixão e morte levantar-se-á para o Servo uma aurora em que não haverá ocaso. Muito mais: qual novo Abraão, será o primeiro elo de uma corrente de gerações (53,10).

E haverá uma reabilitação pública e solene para o Servo no tribunal da história. E seu trono será elevado ao cume dos tronos elevados (52,13). Assim como muitos ficaram assombrados pela ruína e a miséria do Servo – estava tão desfigurado que nem parecia um homem – vão ficar mais assombrados ainda quando os reis emudecerem diante dele e virem coisas que nunca viram e reconhecerem feitos realmente inauditos (52,14-15).

E depois de triunfar sobre os outros reis e de capturar o butim, o Servo sentar-se-á entre os senadores e príncipes da terra para distribuir os despojos e ditar sentenças.

Mas a reabilitação chegará a seu auge quando o Senhor proclamar aos quatro ventos o significado da humilhação de seu Servo: desceu, impotente e mudo, até o abismo da morte, porque estava expiando os pecados alheios e intercedendo pelos rebeldes (53,12). Para o Servo, a morte não é apenas passagem para uma vida nova, mas também para o êxito de sua missão.

* * *

Esse panorama, verdadeiramente fantástico, oferece ao cristão que sofre numerosos rumos, respostas, raios de luz, pistas de orientação e, principalmente, um sentido luminoso e transcendente para seu quotidiano sofrer. Em certo sentido, podemos afirmar que a dor foi vencida, ou pelo menos perdeu seu aguilhão mais temível, a falta de sentido.

Em muitos aspectos, o cristão sofredor poderá identificar-se com o Servo. E não há dúvida de que esse abraço identificador lhe abrirá novos horizontes e lhe proporcionará alento e consolação.

4 Cristo sofredor

4.1 Um hino à alegria

A profundidade, eis a questão. Onde há profundidade, há vida. Onde há vida, aí está o *homem*. E onde está o homem, aí estão juntas a alegria e a dor.

Da profundidade saltam, como molas vivas, as grandes nascentes; e chegarão tanto mais alto quanto mais fundo for o subsolo de onde tiverem brotado.

A dor e a alegria têm o mesmo calado. Calado é a profundidade a que chega a quilha de um navio, em relação e a partir da linha de flutuação. A fundura que o gozo alcança, a dor também alcança. Tanto se sofre quanto se goza, e vice-versa.

* * *

Jesus foi o homem de dores porque tinha sido um poço de alegria, na mesma medida. E pôde livrar-nos da dor porque tinha morado anteriormente na região da dor e a conhecia por experiência.

O Evangelho é uma *boa-nova*, uma alegre notícia.

As raízes estão sempre na profundidade. E quando elas estão sadias e mergulhadas na terra úmida, até o mais alto da copa mostra-se vestido de tenro verdor. Se os mananciais são profundos e puros, toda a água que brota deles é fresca e pura.

É assim que se explica por que o Evangelho é um hino à alegria. Tudo brota da profundidade humana de Jesus, e essa região estava habitada pela presença amada do *Abba*, a paternidade acolhedora de Deus. Por isso, sua fonte interior chama-se *gozo, paz.*

Dessa vertente brotavam as palavras e as atitudes de Jesus, e aquele estado de ânimo em que sempre o contemplamos, nimbado de confiança e de serenidade. Dessas mesmas latitudes, povoadas pela presença paterna, brotava também aquela obediência filial e aquela disponibilidade para com todos os órfãos e indigentes da humanidade.

No relacionamento pessoal de Jesus com Deus pressentimos uma carga infinita de ternura e de proximidade. Soa uma melodia inefável nas expressões que Jesus usava normalmente: "Pai meu", "meu Pai"; vibra alguma coisa inteiramente especial nessas palavras, um quê de singular e único, cheio de confiança, segurança e alegria.

Por isso, do coração de Jesus Cristo brota uma mensagem cheia de felicidade, e temos a impressão de que Deus é como um imenso seio materno que envolve calidamente a humanidade inteira. O próprio Jesus nós sentimos como que envolto em chamas, frescas chamas de alegria.

> A completa novidade e o caráter único da invocação divina *Abba* nas orações de Jesus mostra que essa invocação expressa a essência da relação de Jesus com Deus. Jesus falou com Deus como uma criança fala com seu pai, cheio de confiança e seguro, ao mesmo tempo que respeitoso e disposto a obedecer.
>
> Na invocação divina *Abba* manifesta-se o mistério supremo da missão de Jesus. Jesus tinha consciência de estar autorizado a comunicar a revelação de Deus, porque Deus se tinha dado a conhecer como Pai (J. Jeremias).

* * *

Naquele dia, partindo do lago, Jesus foi subindo para o monte cercado de gente sem prestígio, ex-presidiários, vagabundos, inválidos, mulheres de vida duvidosa. Numa palavra, o resto deixado pelo rio da vida ao passar. Subiu uma colina e soltou ao vento o novo código da felicidade.

Disse a seus ouvintes que os que não têm nada teriam tudo. Que os que vão se deitar chorando vão ser visitados pela consolação. Que estão sendo preparados banquetes, fartura e regalias para os que agora estão passando fome. Que devem sentir-se felizes os que receberam feridas por causa da justiça, porque essas feridas vão brilhar como estrelas. Que os que construíram pedra por pedra o edifício da paz vão ser coroados com o título de *filhos de Deus*. Que as lágrimas vão ser enxugadas e os lamentos vão ser substituídos por danças e júbilo. Que ninguém deve ter medo: qualquer um pode assassinar o corpo, mas não vão tocar a alma, nem com a ponta da lança, porque ela está garantida nas mãos do Pai. Alegria e alvíssaras para os que tiverem sido manchados pela calúnia e a mentira, porque aconteceu a mesma coisa com os profetas; e, além disso, está reservada para eles uma recompensa que ultrapassa toda imaginação.

Uma cidade de luz, levantada no cume da montanha, é visível de todos os ângulos da terra. Assim serão os discípulos no meio do mundo: uma montanha de luz. Como é insípida a comida sem sal! Mas eles vão ser o sal que vai temperar o banquete da humanidade.

Uma vez, internando-se nas matas de uma montanha, um homem encontrou uma mina de ouro. Foi tanta a sua alegria que voltou correndo para casa e vendeu tudo que tinha para comprar aquele terreno. Aconteceu o mesmo com aquele comerciante esperto em pedras preciosas: passando pelo mercado viu uma pérola muito fina. Voltou emocionado para casa e vendeu seus pertences para comprá-la. Assim é o Reino de Deus.

O grão de mostarda é uma semente realmente diminuta, que mal dá para ver. Semeada, nasce e vai crescendo até se transformar no arbusto mais copado, onde as aves podem colocar folgadamente os seus ninhos. O semeador saiu e jogou um punhado de grãos na terra; quando chegou o verão, encontrou-os transformados em douradas espigas. Assim é a Palavra.

Felizes os filhos que têm uma mãe solícita, mas muito mais os que escutam a Palavra e a põem em prática. O Reino é um vinho novo e ardente, um tecido fino recém-saído do tear.

Têm motivos para estar felizes e alegres, porque até as serpentes e os demônios se submeteram à sua vontade. Mas isso não é nada. Há outro motivo de alegria muito maior: seus nomes estão escritos no coração de meu Pai. Parabéns!

* * *

O Sermão da Montanha poderia parecer ingenuidade, alienação e até uma ironia cruel, se o tirássemos de seu contexto. Dizer que são felizes os indigentes, os caluniados e os presos seria alguma coisa francamente inaudita, até o sarcasmo, a não ser que haja um novo contexto que ponha todos os valores fora dos eixos. E esse contexto existe, é o amor gratuito e terno do Pai, que se dá de maneira especial aos que não têm nada: já que não têm nada, o cuidado amoroso e preferencial do Pai será sua compensação, que lhes proporcionará alegria tão grande que nunca poderiam alcançar com todas as riquezas da terra. Esse é o contexto.

É justamente daqui que parte *a opção preferencial pelos pobres.*

* * *

Como uma onda imensa, o amor do Pai expande-se sobre o mundo e envolve e abraça todas as criaturas: é esse o motivo definitivo da alegria e a razão da segurança e liberdade dos filhos dos homens, principalmente dos mais desvalidos.

Como parecem alegres as andorinhas dando voltas no ar! E os pardais pulam de um beiral para o outro. Não semeiam nem ceifam para comer. Quem os alimenta? Como resplandecem os lírios no começo da primavera! Não fiam, não têm teares. Quem os veste de formosura? A pele não vale mais do que a roupa e a vida não é mais do que a comida? E vocês, não valem mais do que os pardais? Se o Pai se preocupa com essas criaturas que hoje resplandecem e amanhã não existem mais, que não fará por seus filhos que são portadores de um espírito imortal?

Quem já viu uma criança pedir um pedaço de pão ao pai e receber uma pedra? Nunca se viu um filho pedindo um pedaço de peixe e a mãe colocando em suas mãos um escorpião. Se os homens, que todos sabem que não são santos, são sempre leais e carinhosos com seus filhos, como vocês acham que o Pai vai ser com vocês?

* * *

É provável que não haja alegria mais autêntica do que a do perdão. Porque talvez não exista aflição maior do que o sentimento de culpa, com este amargo binômio: vergonha e tristeza.

Poderíamos até afirmar que o perdão é a mais alta expressão do amor e a mais genuína. Mas o que assombra no perdão evangélico é outra coisa: que sente mais alegria o que perdoa do que é perdoado. Por isso, Jesus representa o perdão do Pai como uma festa.

Aquele rapaz tinha tudo em casa. Mas, sonhando com aventuras, foi para terras distantes, deixando um punhal cravado no coração de seu pai. Mergulhou no vil esplendor do mundo até enjoar. Quando, dobrado pela saudade, voltou para casa, além do abraço e do perdão o pai lhe preparou o banquete mais esplêndido de sua vida.

A mulher perdeu uma dracma, uma moedinha. Cansou-se para recuperá-la. Sua alegria foi tanta que não pôde se conter e saiu pelo bairro convidando as amigas a se alegrar com ela.

Se uma ovelha se perde, o Pai não se esquece dela, mas vai pelo mundo, atravessa os vales, sobe pelas pedreiras, passa pelos precipícios e arrisca a vida até encontrar a ovelha perdida e machucada. Toma-a nos braços e volta para casa cantando e proclamando que aquela ovelha recuperada lhe dá mais alegria do que o resto do rebanho.

Desse jeito Jesus foi deslindando, em forma de narrações e apólogos, diante de seus espantados e humildes ouvintes, o mistério e os tesouros do coração do Pai. Essa era a temperatura permanente do interior de Jesus, de onde brotavam aquelas palavras que inundaram o mundo de alegria e de misericórdia.

Por tudo que dissemos, afirmamos que o Evangelho é um *hino à alegria*, entendendo por alegria não necessariamente o riso explosivo mas um estado interior de pleno gozo e liberdade.

Por isso, onde está Jesus, a tristeza é impossível.

Nesse sentido, há no Evangelho uma passagem notável de tão significativa (Mc 18,22). Os discípulos de João jejuam, e os discípulos de Jesus não. Por que essa diferença? É preciso levar em conta que o jejum tinha um significado de luto e de tristeza.

Jesus respondeu taxativamente com uma pergunta: E podem jejuar os amigos do noivo enquanto o noivo está com eles? Quer dizer: a pessoa concreta de Jesus é a transparência da misericórdia do Pai e, por conseguinte, fonte de gozo. Não é que Jesus reprove o jejum. Ele o defende e explica o procedimento dos discípulos, como quem dissesse: E o que é que eles vão fazer? Estão celebrando a alegria da salvação, que é a presença de Jesus. A tristeza é impossível!

Tudo está indicando que a presença física, histórica, de Jesus significou alegria e libertação para os que dela gozaram.

4.2 Homem de dores

Embora os evangelhos, como acabamos de ver, nos apresentem Jesus e sua mensagem como uma festa de alegria, como um concerto de flauta no meio da praça (Mt 11,16-18), apresentam-no também como um homem perseguido, agredido e marcado a fogo pelo sofrimento, de tal maneira que se viram obrigados a justificar teologicamente essa figura dolorosa (1Pd 1,21). Muito mais: na imagem de um Jesus transpassado pela dor, a Escritura chegou a contemplar o símbolo da humanidade enferma (Hb 12,2).

Nos evangelhos há vislumbres fugazes que nos levam a concluir ou a suspeitar de que Jesus estava familiarizado com o sofrimento, o que não daria para deduzir dos acontecimentos narrados. Por alguns detalhes, conjeturamos que Jesus possui um conhecimento da dor que só a própria dor pode dar. Daí, sem dúvida, emerge essa tremenda sensibilidade que ele possui diante do sofrimento alheio;

só por ter padecido muito se tem a capacidade de com-padecer, capacidade que é notável em Jesus.

Naquele dia uns gregos provenientes da Diáspora manifestaram vivo interesse por conhecer Jesus. Filipe e André comunicaram esse desejo a Jesus. Enquanto ele lhes falava, não se sabe de que regiões, como um parêntesis, subiu em Jesus uma profunda perturbação: "Ai, eu me sinto agitado! Que direi? Pai, livra-me dessa hora? Mas eu vim para isso! Pai, glorifica o teu Nome" (Jo 12,27). Vislumbramos nesse abrupto parêntesis algum drama, uma espécie de desdobramento de personalidade, um combate subterrâneo entre o querer e o sentir...

Naquela "comoção" até o soluço e as lágrimas (Jo 11,35) pressentimos o drama interior de um homem cujos laços de amizade com Lázaro tinham sido quebrados sem piedade pela morte.

Também naquele "estremecimento" diante da viúva que tinha perdido o filho único: aí se percebe como que o rompimento de fibras muito sensíveis quando, com grande ternura, diz à viúva: "Não chore" (Lc 7,12). Só um homem que sofreu muito pode compadecer-se desse jeito.

* * *

Um dia, Jesus estava na sinagoga. Havia ali um homem que sofria de paralisia em um braço. Marcos, em urna cena tensa, diz significativamente – o que denota a hostilidade que já era irrevocável – que os letrados e chefes "estavam atentos para ver se o curava no sábado, para poder acusá-lo" (Mc 3,2). Numa atitude de desafio, não isenta de indignação, Jesus disse primeiro ao doente: "Levante-se!" E depois lançou essa pergunta aos que eram contra ele: "É lícito salvar uma vida no sábado?" Eles se calaram. "Então, *olhando-os com ira e magoado* pela dureza de seus corações", disse ao paralítico: "Estenda o braço". Ele o estendeu e ficou curado. "Quando saíram, os fariseus confabularam com os herodianos contra ele para tramar como eliminá-lo" (Mc 3,6).

São as primeiras cenas de um drama que vai acabar num holocausto. E também vemos aí os primeiros compassos da abertura de

Jesus para o mistério da dor, que o transformarão em um "conhecedor de aflições", segundo a expressão de Isaías,

A cena que nos é descrita por Marcos (6,1-6) e Lucas (4,14-30), também dramática, marca outro passo na descida de Jesus nas águas da dor, e assinala, por outro lado, como ele está afastado e desapegado de "sua terra" Nazaré. A cena também sublinha claramente o fato de que foi seu destino de profeta e de missionário da misericórdia que lhe abriu o caminho para o interior da dor.

O episódio é o seguinte: depois de passar um tempo junto de João e de ser batizado, e depois de um longo retiro no deserto, Jesus voltou a Nazaré. No sábado, falou na sinagoga. Seus próprios concidadãos não podiam crer no que estavam escutando e "se escandalizavam por causa dele". Jesus ficou entristecido e contra-atacou: Não há nada a fazer: "Um profeta só não tem prestígio em sua terra e no meio de seus parentes" (Mc 6,4). E a frustração dá uma nota mais alta: "E não pôde fazer ali nenhum milagre" (6,5). No fim, o diapasão tocou a nota mais aguda: "Ficou assombrado com a sua falta de fé" (6,6). Percebemos nesse "assombro" um conteúdo tenso e denso de desengano, de dor suportada e de certos vislumbres de desesperança.

Mas a narração não acaba aí. Lucas conta que, a certa altura, Jesus replicou que no tempo de Elias e Eliseu os filhos de Israel foram deixados de lado e a "salvação" foi entregue aos filhos da Síria e de Sidon. Quando ouviram isso, os nazarenos da sinagoga "encheram-se de ira e levantando-se o arrojaram para fora da cidade. E o conduziram até um cimo da colina com intenção de precipitá-lo de lá" (Lc 4,25-28).

Não é preciso comentar. O texto é excepcionalmente forte e significativo. Parece o prelúdio daquela narração de João: "Tomaram então a Jesus. E ele saiu carregando a sua cruz e chegou ao lugar chamado Calvário, onde o crucificaram" (Jo 19,17). Sem dúvida, essa é a dor mais forte: sentir-se portador de uma mensagem, mensagem de salvação e de amor e, ao entregá-la e por a ter entregado, receber a incompreensão, a rejeição, a perseguição e a execução.

Em diversas ocasiões vemos Jesus desanimado. Mas em Marcos 8,12-13 há uma reação inesperadamente enérgica, em que sentimos uma espécie de queixa interior, como de um navio que range: "Jesus deu um profundo suspiro e disse: Como? este tipo de gente quer um sinal? Eu garanto que essa gente não vai receber sinal. Deixou-os, embarcou outra vez e foi para a margem do outro lado". Esperanças desfeitas? Ilusões acabadas? São reações que nos permitem vislumbrar uma desconhecida e secreta familiaridade de Jesus com o sofrimento.

* * *

O sofrimento de Jesus é como uma tempestade que se forma lá ao longe: cresce, movimenta-se e vem vindo; a gente a sente cada vez mais perto; vai avançando progressivamente em um *crescendo* irrefreável, até descarregar toda sua violência na Paixão e Morte.

Os evangelhos fazem constar de forma unânime e clara que Jesus em suas últimas semanas e dias esteve rodeado de indiferença, covardia, ódio, traição. Tinha motivos mais do que suficientes para se retirar da vida amargurado e ressentido com a insensatez da raça humana. Mas não fez isso.

O inesperado, o que nos parece incompreensível e difícil de aceitar é o seguinte: Como é possível que um homem contente como Jesus, com uma mensagem vital e alegre, pôde encontrar uma rejeição tão fechada, num grau tão terrível de conflito?

O conflito e a resistência que levantaram à sua passagem foi de magnitude tal que sua vida e obra, humanamente falando, explodiram em chamas e cinza na fogueira do desastre. É um enigma incompreensível, que vamos deixar de lado por enquanto.

Em todo caso, Jesus não se retirou da vida com o rictus de um amargurado. Sua dor não foi egoísta nem centralizada nele mesmo. Em nenhum momento surpreendemos Jesus fechado, reclamando o reconhecimento da humanidade, curtindo as feridas de suas frustrações, saboreando a fruta doce-amarga da autocompaixão, como se a única realidade do mundo fosse o seu fracasso, ou como se a história tivesse que ser avaliada tendo por centro e chave sua própria desgraça. Nada disso.

Pelo contrário, mesmo estando no olho da tempestade, nós o vemos inteiramente esquecido de si mesmo e sempre *saído para o outro*. O motivo do seu sofrimento são sempre os outros. Em Jesus, a dor é consequência de seu "ser para o outro".

Teve uma palavra de delicadeza, por exemplo, para com o traidor (Lc 22,48). Mostrou-se sumamente preocupado com que os discípulos não tivessem sua mesma sorte: "Se é a mim que procurais, deixai ir estes outros" (Jo 18,8). Ao covarde Pedro dirigiu um olhar de salvação (Lc 22,51). Teve um magnífico gesto de cavalheirismo no caminho do Calvário para com aquelas mulheres que, em lágrimas, solidarizavam-se com ele (Lc 23,28). No último instante, já quase sem ar, teve um gesto filial de atenção para com sua mãe, confiando-a aos cuidados de João (Jo 19,25). Até o fim foi o homem para os homens.

* * *

Em sua Paixão e Morte convergiram todas as circunstâncias para tornar a mais amarga possível essa passagem. São circunstâncias que justificam o título de *homem das dores.*

Em primeiro lugar, quanto à dor física, a perda de sangue privou seu corpo de água, causando uma desidratação progressiva, sensação sumamente desagradável. Por causa disso, Jesus ficou com uma sede generalizada, que não se sente só na garganta, mas em todo o organismo, sede que nenhum líquido do mundo pode saciar, a não ser uma transfusão de sangue. A perda de sangue também causou uma febre alta que, por sua vez, derivou para uma confusão mental ou perda parcial da consciência de sua identidade. Como todos os crucificados, sofreu também o suplício da asfixia por causa da posição forçada do corpo.

Em segundo lugar, Jesus estava morrendo em plena juventude e a morte cortava todos os seus laços amáveis da vida: não poder gozar mais a luz do sol, a primavera, a amizade, o afeto das pessoas, a gratidão dos humildes, não poder sonhar, amar e ser amado; não poder fazer os outros felizes nem saborear o encontro com os familiares e os discípulos... Ficou tudo cerceado. E isso para um homem cheio de vida como Jesus é particularmente sensível. Era a Grande Despedida, como se dissesse: Eu vou embora, e vocês não podem "vir" comigo.

Em terceiro lugar, olhando para trás e revendo seus anos de missionário da paz, era difícil afastar a impressão de fracasso, tanto na Galileia, salvo nos primeiros tempos, como na Samaria e principalmente na Judeia. As multidões, caprichosas como sempre, tinham desertado. A classe governante e intelectual, com poucas exceções, classificava-o como transgressor da lei, blasfemo e perigoso para a segurança nacional. E julgaram que tinha que ser expulso da vida.

Dos discípulos comprometidos com ele por laços de uma longa convivência, um o traiu, outro o renegou, e "todos" "fugiram abandonando-o" (Mc 14,50) numa confusa debandada. Ironicamente, sua morte fez com que todos se reconciliassem para conspirar em um mesmo complô grupos antagônicos que nunca se sentam a uma mesma mesa: os governantes e o povo, Roma e Israel, Pilatos e Herodes, o Procurador e o Pontífice. Jesus bebeu mais um gole amargo, provavelmente o mais amargo da experiência humana: o sorriso de desprezo e o sarcasmo dos vencedores (Lc 23,35).

Outra coisa acrescenta mais uma dose de acidez à sua morte: quem matou João foi Herodes, e isso permitia considerar sua morte como um martírio. Mas Jesus foi morto pelos representantes de Deus. João morreu por uma aposta absurda e frívola. Jesus foi julgado como blasfemo, *condenado* como tal e *executado. In situ*, nas circunstâncias históricas em que o fato aconteceu, não se pode descobrir uma pontazinha sequer para dar a Jesus a auréola de mártir ou de herói. Foi simplesmente executado com ignomínia.

Morrer já é por si mesmo o ato mais solitário da vida. É a própria solidão. Mas se, nesse transe, estamos cercados de afeto, se o julgamento *injusto* e a execução do profeta forem acompanhados da solidariedade, amiga dos partidários e dos discípulos, a solidão pode ser parcialmente aliviada. No caso de Jesus não houve essa solidariedade, só hostilidade e indiferença.

Dos que presenciavam o desenlace, um grupinho chorava sem poder fazer nada, muitos estavam satisfeitos e contentes, e a imensa maioria era indiferente. Se fosse hoje, a notícia teria aparecido em poucas linhas, perdida nas páginas interiores do jornal. De maneira geral, poderíamos dizer que o fato não chamou especialmente a atenção dos habitantes de Jerusalém. Símbolo dessa indiferença eram seus próprios discípulos, adormecidos tranquilamente no Monte das Oliveiras enquanto o Mestre se debatia numa trágica agonia. Como não sentir abjeção?

As circunstâncias descritas dão-nos o direito de concluir que a Paixão e Morte tiveram caráter de colapso, de holocausto: a derrubada integral de uma pessoa e de seu projeto. Jesus foi verdadeiramente o *homem das dores.*

Ainda seria interessante fazer uma longa reflexão sobre a serenidade com que Jesus enfrentou esse colapso, os interesses salvíficos de Deus nesse acontecimento e a abertura e disponibilidade com que o Servo assumiu a vontade de Deus. Mas isso não entra no nosso propósito.

5 Sofrer e remir

5.1 *Morrer com Cristo*

Depois de dizer-nos que Cristo "esteve cercado de fraquezas" (Hb 5,2), a *Carta aos Hebreus* acrescenta que, sofrendo, ele "aprendeu a obedecer" (Hb 5,8). Essa expressão *obedecer* chama a atenção. Há militantes ateus, mesmo hoje em dia, que assumem a tortura e a morte com uma atitude estoica, que podemos chamar de *passiva* ou *fatalista,* sem se alterar.

Mas o termo *obedecer* introduz um matiz diferente: vem a indicar que Cristo assumiu a dor de uma maneira pessoal, *ativa,* como uma oferenda consciente e voluntária, dando a seu sofrimento um significado de abertura para o homem universal.

Assim, "por ter sofrido, pôde ajudar os que sofrem" (Hb 2,18). Como raios que convergem da periferia para o centro da esfera, os padecimentos de cada dia fazem com que Cristo e o homem se juntem e se encontrem no meio do círculo: a dor. *Irmanados na dor.*

E por pertencer à própria natureza humana, Jesus tem voz e autoridade para convocar todos os desorientados pela tribulação, para lhes oferecer uma taça de alívio e de descanso (Mt 11,28).

* * *

Depois de "contemplar aquele a quem traspassaram" (Jo 19,27), as testemunhas não conseguem compreender o sofrimento humano a não ser através do prisma da dor de Jesus. Aquele que sofre *na fé*, sofre em Cristo. Até mais, é o próprio Cristo que sofre e morre de novo.

Pedro, em sua primeira carta, dirigindo-se provavelmente a cristãos da Ásia Menor, diz-lhes: "Disseram-me que vocês foram tomados por um estranho fogo e que a tribulação se enrosca, como uma serpente, na sua cintura. Vocês não devem estranhar, porque isso é normal. Até mais, eu os convido a vibrar com toda a alegria porque vocês estão participando dos sofrimentos de Cristo" (cf. 1Pd 4,13).

Escrevendo aos "santos de Colossos", Paulo pergunta: "Uma vez que vocês morreram com Cristo" (Cl 2,20), por que ficar amarrados com as correntes da lei?

No tempo de Paulo, Corinto era uma cidade moderna e florescente, centro comercial e ponto de comunicações. Nela Paulo fundou uma comunidade que logo veio a ter uma existência fecunda e, mais de uma vez, agitada. Bem depressa apareceram lobos temíveis e falsos apóstolos que quase fizeram a comunidade naufragar.

Por ocasião dessas desordens, Paulo viveu uma longa agonia. Escreveu de Éfeso para os coríntios a sua *segunda carta, "com grande tribulação e com o coração angustiado, em meio a muitas lágrimas"* (2Cor 2,4). É a *carta magna* da desolação e consolação, em que encontramos Paulo profundamente abatido e, ao mesmo tempo, profundamente consolado, porque a chama da consolação brota sempre da ferida da tribulação. Depois de redigir esses tensos primeiros capítulos, Paulo nos apresenta, com alto poder, essa magnífica expressão que sintetiza o espírito da carta: "Por toda parte trazemos em nosso corpo a agonia de Jesus" (2Cor 4,10).

Na mesma carta, escreve este texto vigoroso: "Embora vivamos, somos sempre entregues à morte por causa de Jesus" (2Cor 2,11). O que sofre na fé sofre com Cristo e como Cristo. Até mais, participa da dor e da morte de Jesus. Ou melhor: é Jesus mesmo que continua a sofrer e a morrer, irmanado e feito uma mesma unidade com os agonizantes, lesados e traídos.

Envolto em chamas e respirando ameaças, Saulo pediu autorização para prender os seguidores do Evangelho e devolvê-los a Jerusalém acorrentados para serem entregues ao Sinédrio. Enquanto galopava, uma coluna de luz o envolveu: "Saulo, Saulo, por que me persegues? Quem és, Senhor? Eu sou Jesus, a quem tu persegues" (At 9,4). É o próprio Jesus quem continua a sofrer na dor do cristão.

* * *

A calúnia caiu sobre sua branca pele como um punhado de piche e ele ficou desfigurado por muitos anos. Na realidade, o desfigurado era Jesus. Com flechas de todos os tamanhos, disparadas por caçadores mesquinhos, flecharam-no sem compaixão, deixando-o ferido e chorando. Mas era o próprio Jesus, ferido por seus inimigos.

Depois de muitos anos de fidelidade, a esposa foi traída pelo marido, e o irmão por seus próprios familiares, como Jesus por Judas. Mil incompreensões, mal-entendidos, comentários desfavoráveis e interpretações absurdas fizeram de sua vida um mar de espinhos e lágrimas. E o que foi que fizeram com Jesus os saduceus e os herodianos?

Os que são abatidos pela melancolia e a depressão participam da agonia do Getsêmani. Como um castelo de cartas caiu o projeto que era o seu sonho e tiveram que saborear a amargura do fracasso. Participaram do fracasso de Jesus.

Os irmãos que foram abandonados por seus próprios irmãos, os jovens que viram desmoronar suas ilusões, os crentes que se debatem na noite escura da fé, os que se sentem cansados de lutar e enjoados de viver, os que estão ameaçados de morte prematura... todos participam da morte de Jesus.

Levantam-se cansados. Não podem dormir. Como um verme o carcinoma vai corroendo e desfazendo seus ossos, enquanto os amigos se afastam porque sabem que ele está morrendo, e morre de tríplice agonia: dor, solidão e tristeza. A cama ou o carrinho de rodas é a morada eterna do inválido. E essas enxaquecas que o põem fora de combate por dias inteiros. E leva nas entranhas uma fera que crava as garras sem que ninguém consiga descobrir a doença; e o temor cobre seu céu como uma noite escura... Enfim, a doença com suas mil faces. É Cristo que está prostrado na cama, e sofre, e agoniza.

Mas tudo isso pode soar como vã literatura. Se quisermos que essas considerações se transformem em consolação de verdade, é preciso observar uma condição: viver tudo *na fé,* unindo-se conscientemente ao Cristo Sofredor; assumir tudo no espírito de Jesus; *obedecer,* no sentido que explicamos: aceitar cada prova de uma maneira consciente e voluntária, com amor e significado.

5.2. Remir com Cristo

Mas quem sofre em união com Cristo não só encontra consolação na tribulação, mas também "completa" com o seu sofrimento o que falta aos padecimentos do Senhor (Cl 1,24).

É por isso que João Paulo II fala do "caráter *criativo* da dor", que confere ao sofrimento não só um sentido, mas também uma utilidade dinâmica e fecundante. É óbvio que se Cristo remiu o mundo aceitando amorosamente a dor, todo cristão que se associar a essa dor com o próprio sofrimento participará do caráter redentor da dor de Cristo. Estará remindo com Cristo.

O sofrimento de Jesus produziu um bem: a redenção do mundo. Embora seja verdade que esse bem é infinito e nenhum homem pode acrescentar-lhe nada, Cristo quis deixar aberta sua própria dor salvadora a todo e qualquer sofrimento humano, com a condição de que seja assumido com amor *(Salvifici doloris,* 24).

Em outras palavras: o Senhor realizou a redenção completamente, mas não a encerrou. Pelo contrário, "faz parte da própria essência do sofrimento redentor de Cristo o fato de ter sido completado sem cessar" (João Paulo II).

Essa redenção, ao mesmo tempo completa, mas sempre aberta, introduz-nos em cheio no mistério essencial da Igreja, que desdobra e complementa a obra redentora de Cristo. E o mistério central da Igreja é sua natureza de Corpo Místico, marco e espaço em que "completa-se o que falta aos padecimentos de Cristo, espaço em que Cristo está incessante e vigorosamente crescendo até sua plenitude" (Ef 4,13).

* * *

Não somos sócios, mas membros de uma sociedade de natureza muito particular, em que *ganhamos em comum e perdemos em comum*. Essa comunidade é como um Corpo que tem muitos membros, mas todos os membros, juntos, formam uma só realidade. Cada membro tem uma função específica, mas todos os membros concorrem, complementariamente, para o funcionamento de todo o organismo (1Cor 12,12).

Por acaso deixamos um pé machucado sangrar, dizendo: "O que é que minha cabeça tem que ver com o pé?" Quando o ouvido está doente, por acaso diz o olho: "Eu não sou ouvido, não tenho nada que ver com isso?" Não, pelo contrário, cada membro ajuda os outros, porque todos juntos constituem o organismo. Que seria do braço se não estivesse unido ao corpo? De que serviriam os olhos sem os ouvidos ou os ouvidos sem os pés? (1Cor 12,14-22). E há mais: "Se um membro sofre, todos os outros sofrem com ele; se um membro é honrado, todos compartilham a sua alegria" (1Cor 12,26).

Justamente aí está o nó da questão. Pode ser que machuquemos só a unha do dedinho e a febre tome conta de todo o organismo: todos os membros sofrem a consequência. Por que o joelho teria que sofrer as consequências do dedinho? Porque ganhamos em comum e perdemos em comum. O dedo saiu perdendo? Todos os membros perderam. O dedo sarou? Todos os membros sararam.

No interior desse organismo que chamamos de Igreja existe uma intercomunicação de saúde e de doença, de bem e de mal-estar, de graça e de pecado, como no fenômeno dos vasos comunicantes.

Por causa desse mistério você não pode perguntar: Por que tenho que sofrer eu *no lugar* de um cineasta francês ou de um banqueiro americano? Que é que tenho que ver com eles? Sim, tenho muito que ver. Todos os batizados do mundo estamos misteriosamente intercomunicados. O mistério opera por baixo de nossa consciência.

Uma vez enxertados na árvore da Igreja, a vida funciona apesar de nós. Vamos esclarecer isso com um exemplo: eu não sei como funcionam em meu organismo o fígado e os rins, porque não os sinto, mas sei que funcionam. Eu não sei qual é a relação entre o fígado e o cérebro, mas sei que essa relação existe, porque fico com dor de cabeça quando o fígado funciona mal. A vida profunda e misteriosa do meu entroncamento no Corpo vivo da Igreja e de minha relação com todos os batizados eu não sei como funciona, mas sei que funciona.

Por conseguinte, não é indiferente que você seja um santo ou um cristão tíbio. Se você ganha, a Igreja inteira ganha; se você perde, ela inteira perde. Se você ama muito, cresce o amor na corrente vital da Igreja. Se você é um "morto" no espírito, é a Igreja inteira que tem que arrastar esse cadáver (cf. meu livro *Mostra-me teu rosto*. São Paulo: Paulinas, 1975, p. 307-309).

* * *

Avançando por esses roteiros, deparamos com este incomodo desconcerto que afogou tanta gente na confusão: Se Deus existe e é justo, por que os maus triunfam e os bons fracassam? Por que os justos vivem às vezes cheios de desgraça enquanto os pecadores nadam em prosperidade?

São velhas perguntas que têm sido formuladas desde o tempo de Jó. Mas, depois do Calvário, perderam a força. Como vimos nas páginas anteriores, Isaías vislumbrou em seu Quarto Canto a resposta exata: esta se consumou no Calvário, e Paulo elaborou uma explicação teológica.

O próprio Deus descarregou nos ombros do *Servo* "todos os nossos crimes". Ele foi ferido pelos delitos de "seu" povo; os desvios dos homens causaram o seu martírio: *está sofrendo no lugar dos outros*. O Servo ocupou o lugar dos pecadores e assumiu o sofrimento que deveria recair em cima deles. "Suas cicatrizes nos curaram" (Is 53,1-10). Baixou silencioso ao abismo da morte porque estava expiando os pecados alheios (Is 53,12).

Sobre esse pano de fundo, a primitiva comunidade cristã contemplou e interpretou o acontecimento do Calvário.

* * *

A partir desses fatos, podemos concluir que vivem hoje em dia no nosso meio numerosos *servos de Javé* que estão sofrendo *em vez* dos outros e colaborando com Cristo para a redenção do mundo.

Assim como a Catequese Primitiva não encontrou outra explicação para o Desastre do Calvário, nem nós encontramos outra "lógica" que explique a *paixão e morte* de tantas pessoas hoje entre nós, se não for no contexto e na figura do Servo que carrega sobre si os sofrimentos dos outros.

Essa é uma das minhas convicções mais firmes. Vezes sem conta vi como o mistério do Servo se repete e revive cada dia entre nós. Contemplei, comovido, o Servo passando pelas encruzilhadas dos caminhos poeirentos, expulso de sua casa por não poder pagar o aluguel. Vi sua figura enferma arrastando-se pela rua em busca de um emprego.

Vi famílias piedosas vítimas de uma série de infortúnios; santas mães de família visitadas pela doença ou pela calúnia; crianças pequenas, sem culpa nem malícia, marcadas para sempre pela invalidez ou pela morte. Estão sofrendo no lugar dos outros.

Basta ir a um hospital ou percorrer a rua entrando de casa em casa para encontrar centenas e milhares de vítimas da mentira e da incompreensão, do estigma, da patada, da rasteira, do aguilhão, da morte: sabendo ou sem saber, estão sofrendo e morrendo com Cristo e como Cristo, *pelos outros*, carregando as cruzes da humanidade.

Vão me dizer que isso é incompreensível, não tem lógica, é absurdo. É. Certamente, se olharmos as coisas pelo quadro tradicional de valores, tudo isso é contra o senso comum. Mas, depois do que aconteceu no Calvário, depois que Deus arrancou a vida da morte e o triunfo do fracasso, todas as lógicas humanas foram a pique, as escalas de valores subiram e baixaram, perderam-se para sempre os cálculos de probabilidade e as coordenadas do senso comum e, definitivamente, nossos critérios não são seus critérios, nem a nossa lógica é a sua. Enfim, é uma questão de fé. Sem ela, não se entende nada. Por isso, é melhor fechar os olhos e a boca, ficar em silêncio... e adorar.

Posso acrescentar mais uma experiência pessoal: já vi muitas vezes como doentes incuráveis, olhando fixamente para o crucifixo e pensando que estavam partilhando suas dores e ajudando-o na redenção do mundo, ficavam com o rosto transfigurado por uma paz inexplicável e por uma misteriosa alegria.

Sem dúvida, sentiam que valia a pena sofrer. Tinham encontrado um *sentido* e uma *utilidade* para o sofrimento. Sua dor era *criativa* e fecunda, como a da mãe que dá à luz.

* * *

Sim. Deem-lhe o nome de alegria ou qualquer outro, é a vitória e a satisfação de quem arrancou da dor o ferrão mais temível: o absurdo, a falta de sentido, a inutilidade.

Quando um doente, inútil para tudo, ou qualquer outra pessoa, triturada pela tribulação, tomam consciência de que, na fé e no amor, estão participando ativamente na salvação de seus irmãos, estão "completando o que falta aos padecimentos de Jesus Cristo", que seu sofrimento não só é útil para os outros, mas presta um serviço insubstituível, que estão enriquecendo a Igreja tanto ou mais que os apóstolos e missionários; que é seu sofrimento assumido com amor que abre o caminho da graça mais do que qualquer outra coisa, que estão tornando presente mais que todos os outros na história da humanidade a força da redenção, e que, enfim, estão empurrando o Reino de dentro para frente e para cima (*Salvifici doloris*, 27), como não vão sentir satisfação e gozo!

Não me surpreende aquele ímpeto jubiloso de Paulo quando diz: "Agora eu me alegro dos meus padecimentos" (Cl 1,24). E Pedro convida os cristãos a uma explosão de alegria: "porque estais participando dos padecimentos de Cristo" (1Pd 4,13).

5.3 A dor, uma pedagogia

Um pinheiro solitário na planície infinita é um espetáculo. Saiu para a vida timidamente, quase por acaso, embalado pelos ventos. Os temporais balançaram sem dó sua frágil cabeleira e, para não sucumbir, suas raízes penetraram fundo no solo argiloso. Adquiriu tamanha consistência que hoje não há furacão que possa dobrá-lo. Lá está, galhardo, na altura.

Em um brilhante jogo de paradoxos, Paulo transmite-nos a dialética cristã da força-fraqueza: é na fraqueza humana que se enxerta, se prende e contrasta a força de Deus. Quem quiser viver tem que morrer. Para transformar-se numa espiga dourada, o grão de trigo tem que apodrecer e ser sepultado no seio da terra. A força nasce da fraqueza, a vida da morte, a consolação da desolação, a maturidade das provações.

* * *

Quem não sofreu, parece uma vara de bambu: não tem miolo, não sabe nada. Um grande sofrimento é como uma tempestade que devasta e arrasa vasta região. Passada a prova, a paisagem reluz cheia de calma e de serenidade.

Uma grande tribulação faz o homem crescer em maturidade e sabedoria mais do que cinco anos de crescimento normal. Quantas vezes a gente ouve este comentário: "Como fulano mudou! Como amadureceu! Foi porque sofreu muito".

Quando tudo vai de vento em popa, quando não há dificuldades nem espinhos, o homem se fecha em si mesmo. Preso entre as suas torres, proprietário de si mesmo, ofuscado pelo brilho da própria imagem, quem o libertará da escravidão? Seus próprios êxitos são como altas muralhas que o encerram como num cárcere. Para livrá-lo, só um terremoto. Deus fica sem nenhum outro caminho de libertação a não ser enviar a esse homem uma grande tribulação para acordá-lo, destruir seus castelos e tirá-lo do Egito de si mesmo.

Quando a doença ou a tribulação subjugam uma pessoa, ela põe os pés no chão, compreende que tudo é sonho. As ficções voam, murcham os enfeites artificiais, desfaz-se a espuma e a pessoa se vê despida no chão da objetividade. É o primeiro capítulo da sabedoria. Sem sofrimento não há sabedoria.

O que acontece é o seguinte: quando a tribulação cai de surpresa sobre o homem e o envolve como uma noite, ele não vê nada. Nesse momento, é muito difícil dispor de um olhar de fé, porque a pessoa não vê mais do que a perversidade humana e as causas imediatas. Mas quando se toma certa distância abre-se a perspectiva e o homem estende um olhar longo, o olhar da fé. Nesse momento ele começa a compreender que o que aconteceu foi uma pedagogia de Deus e, no fundo, uma predileção libertadora.

Se o leitor parar um pouco e voltar o olhar para trás em sua vida para refletir um momento, vai descobrir que certos acontecimentos dolorosos que, naquele tempo, considerou tremendas desgraças, hoje, dez anos depois, demonstraram ter sido providenciais, pois lhe trouxeram bênção, desprendimento de si mesmo e sabedoria.

Paulo vai engatando com uma lógica vital os elos da corrente de ouro: "Nós nos alegramos no sofrimento porque sabemos que o sofrimento nos dá a paciência, e a paciência nos prova, e quando somos provados temos esperança, e esta esperança nunca falha" (Rm 5,3-5).

Mas nós estamos em um processo lento. Quando o cristão topa de repente com o sofrimento, sua primeira reação, quase inevitável, é a rebeldia e a interrogação: *Por quê?* Geralmente, dirige-se a Deus, sem considerar que ele mesmo está instalado na dor, na cruz.

A resposta vem sempre do alto da cruz, mas no começo o cristão não o percebe porque a poeira e o clamor que o *cercam* impedem a percepção. Mas depois de certo tempo, quando o horizonte clareou e já há distância suficiente, o cristão começa a entender a resposta.

Só que essa resposta não é uma consideração abstrata e filosófica sobre a dor e sim uma ordem peremptória: "Venha, pegue sua cruz e me siga" (cf. Mc 8,34). Quando o cristão, nesse itinerário interior com o Cristo Doloroso, deixa de ser rebelde e recebe a cruz, abandona-se, adora e, descobrindo o sentido salvífico da dor e do mistério da cruz, é visitado pela paz e a alegria. Nesse momento a dor e a morte são vencidas. É a maneira mais eficaz de eliminar o sofrimento.

* * *

É arquetípica a história de Israel. Os quatro séculos que se seguiram ao império davídico foram os anos mais decadentes da história do Povo de Deus, em um estado de permanente infidelidade e apostasia.

Deus viu que a única salvação possível para Israel era um desastre nacional. Efetivamente, os sitiadores de Nabucodonosor reduziram a ruínas a cidade de Davi, seus habitantes foram deportados para Babilônia e lá aconteceu a grande conversão.

Foi lá que se escreveu o *Livro da Consolação*, Isaías 40–55, o que há de mais bonito e inspirado na Bíblia. Nele a esperança passa por cima do destino de Israel e se abre para os horizontes da humanidade. Lá se escreveram os salmos inspirados; lá a figura do Messias adquiriu contornos firmes; lá foram colocados os alicerces da sinagoga e, em certo sentido, da Igreja. Lá a religião se instalou definitivamente no coração do homem. Lá os desterrados foram constituídos em um "pequeno resto" e "eles serão o meu povo e eu serei o seu Deus, porque se voltarão a mim com todo o coração (Jr 24,7). De uma catástrofe nacional, Deus fez brotar os bens definitivos.

Com vinte anos, sonhando em altas glórias, Francisco de Assis experimentou na primeira batalha a primeira derrota. Esse desastre e a doença que veio depois lançaram Francisco nos rumos do ideal evangélico. Depois de ter sido ferido por um tiro de canhão, na cidadela de Pamplona, Inácio de Loyola teve uma transformação total nos longos meses de convalescência.

5.4 Sofrer com os que sofrem

Descendo de Jerusalém a Jericó, por entre os morros nus do Deserto de Judá, um homem foi assaltado e ferido pelos ladrões. E ali jazia no chão. Casualmente, passaram pelo mesmo caminho pessoas qualificadas. Viram-no, mas passaram ao longe. Calhou de passar um samaritano. Debruçou-se sobre o ferido, recolheu-o e cuidou dele com solicitude.

Diante da teoria: Quem é o próximo? Jesus responde: o amor não é uma teoria, é um movimento do coração e dos braços: qualquer um que estiver sofrendo é meu próximo.

É interessante e digno de nota: só se compadece quem padece: um samaritano, um desprezado, um que sofre. Só o que já sofreu pode comover-se, porque, de alguma maneira, presenciando a dor revive seu próprio sofrimento.

Esse é um dos frutos positivos do sofrimento: a experiência da dor deixa uma sensibilidade e abertura, uma compreensão e inclinação para com os que sofrem. Os mais solidários com os pobres são sempre os próprios pobres. Isso pode ser provado em um bairro operário, em um sindicato ou em um acampamento de refugiados.

Quem estiver familiarizado com o sofrimento não vai poder dar-se ao luxo de *passar ao longe*. Quem sofreu sente diante da dor alheia um movimento de coração: comove-se. É impressionante o número de vezes que o Evangelho constata que Jesus *se compadeceu* (Mt 9,36; 14,14; Mc 1,41; Lc 7,13). Essa é a razão dedutiva que indicamos mais acima para suspeitar de que Jesus, contra todas as aparências, estava secretamente familiarizado com o sofrimento, mesmo nos dias da evangelização: era capaz de se compadecer tanto porque tinha sofrido muito.

A palavra certa é esta: *misericórdia*: estremecimento ou sensibilização do coração. Trata-se disto: antes de mexer os braços, tem que haver um movimento do coração, uma doação desinteressada do *eu*, uma inclinação de todo o ser, como o do samaritano, para com os que sofrem.

Essa é uma das vigas mestras da antropologia cristã, expressa magistralmente pelo Concílio Vaticano II quando diz que o cristão "não pode se encontrar plenamente se não por um dom sincero de si mesmo" (*Gaudium et Spes*, 24).

Muitas vezes os que sofrem sabem que não está em nossas mãos solucionar os seus males. Mas sempre desejam e esperam *sentir-nos com eles*. É óbvio que, quando as possibilidades estiverem abertas, os braços vão ser movidos pelo coração para recolher o ferido, cuidar dele, carregá-lo nos ombros e pagar por ele, sem perguntar sua identidade.

* * *

Hoje em dia toda a atividade humana está organizada tecnicamente. O cristão atual não pode conformar-se só com recolher o ferido e fazer curativo em suas feridas. A atividade benéfica do samaritano moderno deverá realizar-se através de movimentos e organizações. Dessa maneira, o cristão pode assumir tarefas mais amplas, que exigem cooperação e o uso de meios técnicos.

É preciso despertar nas pessoas e nos povos, principalmente pelos meios de comunicação social, um sentido dinâmico de responsabilidade e solidariedade, criando uma nova sensibilidade para defender o direito dos pobres e marginalizados, para levá-los a uma promoção social respeitando sua dignidade pessoal, ensinando-os a ajudar a si mesmos.

Hoje em dia, o *bom samaritano* tem que lutar pela instauração de uma ordem justa, em que sejam respeitados os direitos humanos, satisfeitas as aspirações legítimas e garantida a liberdade pessoal, procurando assim uma nova ordem e o desenvolvimento integral do homem: uma ordem em que as famílias tenham possibilidade de educar seus filhos, promova-se resolutamente a igualdade real da mulher e se produza, enfim, um grande movimento de solidariedade, o grande "passo" do egoísmo para o amor.

O samaritano moderno deve ajudar os marginalizados a livrar-se de sua desconfiança, inibição e passividade, para fazê-los capazes de serem autores de seu próprio progresso (cf. *A Igreja na atual transformação da América Latina à luz do concílio*, Medellín, 1968).

Na estrada que vai de Jerusalém a Jericó, isto é, nos infinitos caminhos do mundo, o samaritano encontra hoje em dia, jogados à beira da estrada, um sem-número de imigrantes e emigrantes, cansados em seu peregrinar atrás de um emprego honrado.

Devido ao desequilíbrio sociopolítico nacional e internacional, vai encontrar um número ingente de exilados, refugiados, desterrados, sem documentos.

Encontrará também, em situação de abandono e solidão, milhares de anciãos, inválidos, massas de camponeses e indígenas em seu interminável êxodo do campo para as grandes cidades. Vai encontrar, enfim, o triste espetáculo dos menores abandonados, das crianças entregues à mendicidade e aos vícios...

Por tudo isso, o samaritano moderno corre um perigo: o de se sentir esmagado pela montanha monumental da miséria humana e se deixar dominar pelo sentimento de impotência e de desesperança.

No meu modo de ver, só há um jeito de vencer esse desânimo: não deixar de olhar para Aquele que "passou fazendo o bem a todos" (At 10,38), para Aquele que "percorria cidades e aldeias curando toda doença e toda enfermidade" (Mt 9,35), para Aquele que, enfim, foi o *homem para os homens* (Lc 14,2-4; 12,11-13; Mt 11,28s.; Lc 8,18s.; Mt 25,34s.; Mc 2,17; Mc 6,34; 8,2; Mt 11,5; Jo 6,1-16; Lc 22,51).

5.5. *Em tuas mãos*

Desde as primeiras páginas, percorremos neste livro um longo itinerário, o caminho da dor. Durante o percurso fomos distribuindo por todos os lados propostas e receitas, não para extirpar a dor – o sofrimento será sempre a sombra do homem –, mas para aliviá-lo.

Na minha opinião, existe um talismã prodigioso, que se chama o *caminho do abandono*. Mas eu não quis abordá-lo a fundo nestas páginas porque já tinha tratado disso em outros livros, principalmente em *Mostra-me teu rosto* (p. 108-140).

Entretanto, vou procurar dar aqui um breve esquema, prevenindo que esta senda é válida e libertadora para os que vivem decididamente em um contexto de fé.

Há diversas décadas percorreu o mundo e ficou famosa a afirmação de Charles Péguy: "Chegando aos quarenta anos, o homem conclui que nem ele nem ninguém foi nem vai ser feliz".

É uma afirmação grave demais. Os absolutos só existem no campo das ideias, não na vida. Ainda que este livro seja uma investida a fundo contra toda fictícia ilusão, discordamos da opinião pessimista de Péguy, e por isso escrevi este livro e, para coroá-lo, dou um resumo desta via de libertação e paz: o caminho do abandono.

* * *

Abandono é uma palavra ambígua e se presta a equívocos. À primeira vista, soa a passividade, fatalismo, resignação. No fundo, é o contrário: o abandono, corretamente vivido, coloca a pessoa no seu nível máximo de eficácia e produtividade.

Em todo ato de abandono existem um *não* e um *sim. Não* ao que eu queria ou teria querido. Teria querido o quê? Vingança contra os que me fizeram isto! *Não* a essa vingança. Tristeza porque a juventude passou! *Não* a essa tristeza! Ressentimento porque tudo me sai errado na vida! Não a esse ressentimento.

E *sim* ao que Tu, meu Deus, quiseste, permitiste ou dispuseste. Sim, Pai, em tuas mãos deponho minha vida como um cheque em branco. Faça-se a tua vontade.

Como vimos nas páginas anteriores, transformamos em *inimigo* tudo aquilo a que resistimos mentalmente. O homem estende um laço emocional de apropriação para as realidades que lhe produzem agrado. Resiste mentalmente às coisas (ou pessoas) que lhe causam desagrado, rejeita-as e, automaticamente, transforma-as em inimigas. Podem ser os ruídos da rua, o clima, o vizinho, os acontecimentos, mil detalhes da própria pessoa, etc.

A resistência emocional, por sua própria natureza, tende a anular o "inimigo". Pois bem, existem realidades que, resistidas estrategicamente, podem ser neutralizadas parcial ou totalmente, como a doença, a ignorância ou a pobreza. Mas uma grande parte das realidades a que o homem resiste não tem solução, ou a solução não está em suas mãos. Chamamos essas realidades de *situações limites, fatos consumados.*

A sabedoria consiste em fazer uma pergunta: Posso remediar isso que está me molestando? Se há alguma possibilidade de solução, não é hora de se abandonar, mas de movimentar todas as energias para conseguir a solução. Mas se não há o que fazer, porque as coisas são insolúveis ou a solução não depende de nós, então chegou a hora de abandonar-se. Abandonar o quê? A rebeldia mental: chegou a hora de fazer a mente calar, de inclinar a cabeça, de depositar o impossível nas mãos de Deus Pai e se entregar.

Olhando com cabeça fria, o homem descobre que grande parte das coisas que o desgostam, o entristecem ou envergonham não tem solução. Nesse caso, é loucura queimar-se de cólera contra elas, porque é a própria pessoa que se queima inutilmente e que se destrói.

Disse que é preciso silenciar a mente, e aí está o segredo da libertação. Porque a mente tende a rebelar-se, ponderar as consequências do desgosto e lamentar-se. Com tudo isso, a própria pessoa se rebela e, só ela, queima-se e se amargura.

O abandono é a *homenagem do silêncio* para com o Pai. Por conseguinte, uma homenagem de amor e de pura adoração. Em nível psicológico, nesse silêncio mental repousa o segredo da "salvação" enquanto terapia libertadora.

* * *

Deus organizou o mundo e a vida dentro de um sistema de leis regulares que chamamos de *causas segundas*, como são a lei da gravidade ou a lei da liberdade. Normalmente, o Pai respeita suas próprias leis, dentro das quais organizou e funcionam as estruturas humanas e cósmicas. Elas continuam em sua marcha natural e, consequentemente, podem sobreviver os desastres e as injustiças.

Para Deus não existem impossíveis: poderia interferir nas leis do mundo, descolocando o que antes tinha colocado, e evitar este acidente ou aquela calúnia. Mas o Pai, normalmente, consequente consigo mesmo, respeita sua obra e permite as desgraças de seus filhos, mesmo que não as queira.

Pois bem, se Ele, podendo evitar todo mal, absolutamente falando, não o evita, é sinal de que o permite. Não podemos dizer que uma calúnia foi querida por Deus, mas sim permitida.

Portanto, todo ato de abandono é uma visão de fé. Distinguem-se nela dois níveis: o fenômeno e a realidade: o que se vê e o que não se vê. O *que se vê* são as reações psicológicas, as leis biológicas, etc., que, eventualmente, podem incidir em nossas tribulações. *O que não se vê* é a Realidade, o Senhor Deus, fundamento fundante de tudo.

O último elo da cadeia dos acontecimentos está seguro pelo dedo de Deus. Nossas contas pendentes, em última instância, têm que ser saldadas com o próprio Deus. No ato de abandono, transcendem-se os fenômenos (acidentes, o que disseram de mim, o que me fizeram, a marcha dos acontecimentos) e, por trás de tudo, descobre-se aquele que é *e me ama,* em cujas mãos entrega-se tudo.

Para Jesus, no Getsêmani, estava evidente que a tempestade que se preparava sobre ele era uma conjuração miserável, engendrada e organizada pelas reações psicológicas, interesses pessoais, vantagens políticas, nacionalismos, proveitos econômicos ou militares... Mas Jesus fechou os olhos a essas evidências de primeiro plano, transcendeu tudo e, para ele, nesse momento, a única realidade era a *Tua Vontade* (Mt 26,42), em cujas mãos, depois de dura resistência (Mc 14,36), ele se abandonou. E se salvou, primeiro a si mesmo, do tédio e da angústia; depois salvou a todos nós. E a partir desse momento contemplamos Jesus avançando pelo itinerário da Paixão, banhado de uma Paz inexplicável, de maneira tal que seria difícil encontrar nos anais da história do mundo um espetáculo humano de semelhante beleza e serenidade.

* * *

Abandonar-se consiste, portanto, em soltar-se de si mesmo para se entregar, inteirinho, nas mãos daquele que me ama.

Essa "terapia" é plenamente aplicável à universalidade de todas as fontes do sofrimento que descobrimos e exploramos no capítulo II deste livro. Não se há de encontrar rota mais rápida e segura de libertação que a "terapia" do abandono.

Livrar-se consiste em depositar em suas mãos tudo que está consumado, tudo que é impotência e limitação: a lei da precariedade, a lei da transitoriedade, a lei da insignificância humana, a lei do fracasso, a lei da enfermidade, a lei da velhice, a lei da solidão, a lei da morte.

Consiste, enfim, em aceitar o mistério universal da vida.

E nossa morada chamar-se-á Paz:

* * *

Lanza del Vasto conta-nos este lindo apólogo:

"Caía a noite. A trilha se internava no bosque, mais negro que a noite. Eu estava sozinho, desarmado. Tinha medo de prosseguir, medo de retroceder, medo do rumor de meus passos, medo de dormir nessa dupla noite.

Ouvi estalidos no bosque e fiquei com medo. Vi brilhar entre os troncos olhos de animais, e fiquei com medo. Depois não vi mais nada e fiquei com medo, mais medo do que nunca.

Por fim, saiu da sombra uma sombra que me fechou a passagem.

'Vamos! Pronto! A bolsa ou a vida!'

Eu me senti quase consolado por essa voz humana, porque no princípio tinha pensado que ia encontrar um fantasma ou um demônio.

Disse-me: 'Se você se defender para salvar a vida, vou lhe tirar primeiro a vida e depois a bolsa. Mas se me der a bolsa para salvar a vida, tirarei primeiro a bolsa e depois a vida'.

Meu coração enlouqueceu; meu espírito se rebelou.

Perdido por perdido, meu coração se entregou.

Caí de joelhos e exclamei: 'Senhor, toma tudo que eu tenho e tudo que eu sou'.

O medo me abandonou de repente e eu levantei os olhos.

Diante de mim tudo era luz. E nela o bosque era verde outra vez".

Conecte-se conosco:

f facebook.com/editoravozes

◉ @editoravozes

𝕏 @editora_vozes

▶ youtube.com/editoravozes

◯ +55 24 2233-9033

www.vozes.com.br

Conheça nossas lojas:

www.livrariavozes.com.br

Belo Horizonte – Brasília – Campinas – Cuiabá – Curitiba
Fortaleza – Juiz de Fora – Petrópolis – Recife – São Paulo

  Vozes de Bolso

EDITORA VOZES LTDA.
Rua Frei Luís, 100 – Centro – Cep 25689-900 – Petrópolis, RJ
Tel.: (24) 2233-9000 – E-mail: vendas@vozes.com.br